森功

JN276236

血税空港

本日も遠く高く不便な空の便

GS

幻冬舎新書

128

血税空港／目次

プロローグ

開港延期が決まった首都圏第三の空港、富士山静岡空港

春先の不安定な曇り空に真っ赤な機体が現れた。二〇〇九年二月二十六日午後零時二十分過ぎ、ブラジル製のエンブラエル170が、滑走路に降り立つ。設立されたばかりの「フジドリームエアラインズ」のテスト飛行をひと目見ようと、滑走路を見渡せる空港展望台に七〇人ほどのギャラリーが集まっていた。

「おおーっ」

赤い機体が着陸した瞬間、ギャラリーから歓声があがった。

二〇〇九年三月にオープンするはずだった富士山静岡空港。その開港延期が決定されたのは、テスト飛行から四カ月前の二〇〇八年十月二十九日のことである。空港のオープンが延び延びになってきただけに、むしろ地元住民の関心が高まったのかもしれない。テスト飛行を見るため、JR静岡駅から車で一時間近くかけてやって来たギャラリーも少なくなかった。

唐突に決まった開港の延期。新しく建設された静岡空港の成り行きには、日本中の航空関係者の目が注がれてきた。三月の開港に間に合わないと判明したのが、十月二十九日の静岡県議会だ。

県知事だった石川嘉延が、難題続きの空港問題をどう釈明するか――。注目された理由は、この一点だ。

「開港に一定のめどが立った段階で、責任のあり方を明確にしたい」

壇上の石川が興奮気味に話した。この瞬間、予定されていた空港の開港延期が正式に決まる。

「七月までの開港を目指す」

知事は、そう苦し紛れに弁明するのが精いっぱいだった。

日本三霊山の芙蓉峰《ふようほう》を冠にした首都圏第三の空港。知事は静岡空港についてそう内外にアピールしてきた。だが、その実、建設計画の杜撰《ずさん》さは、目を覆うばかりだ。

開港延期という事態に陥った最大の原因は、空港周辺の立ち木が離着陸の障害になる、と判明したからだと報じられてきた。が、問題はそればかりではない。静岡空港の成り行きを注視してきた航空関係者は、今度の開港延期を当たり前のように予測してきた。それほど問題の多い空港建設計画なのだ。というより、そもそもここに空港そのものが必要なのか。首をかしげてきたといったほうが正しい。

無駄だらけの道路問題とウリ二つの空港建設問題

目下、日本には九七の空港がある。つまり富士山静岡空港がオープンすれば、九八番目となる。さらに来年に開港を予定されている茨城空港を加えると、実に日本の空港は九九カ所。単純に計算しても、四七都道府県に二つ以上の空港だ。

長らく無駄な建設が問題になってきた高速道路が、改革の旗の下、民営化されたのは記憶に新しい。また、それ以降も折に触れ、一般道を含めた道路建設は、さまざまな場面で問題を指摘されてきた。

福田康夫から首相の椅子を譲り受けた麻生太郎政権でも、道路特定財源の一般財源化を巡り、政府・自民党内が紛糾してきた。ガソリン税をはじめとする五兆円の道路特定財源の税収をどう振り分けるか、文字どおり喧々囂々《けんけんごうごう》、甲論乙駁《こうろんおつばく》の議論が展開されてきた。

しかし結局、道路特定財源の見直しも掛け声倒れに終わる。いまや社会保障や福祉目的への税投入を唱えてきた前首相の主張は、すっかりナリをひそめた。特定財源のうち、これまで中央政府が地方の道路建設のために分配してきた七〇〇〇億円（地方道路整備臨時交付金）は一般財源化される。だが、それは、道路整備などの公共事業に使い道を限定した「交付金」としてばら撒かれるようになるだけだ。「地域活力基盤創造」と銘打ったこの交付金総額は一兆円。

とどのつまり、過去に国から地方に下げ渡されてきた地方道路整備の資金が、三〇〇〇億円増額されただけにすぎない。これを骨抜きといわずしてどう説明すればいいのだろうか。

ただし、道路問題はこうして批判にさらされているからまだましだともいえる。実は、空港の建設問題も、これとよく似ている。というより、ウリ二つなのだが、いっこうに議論が俎上《そじょう》に載らない。道路特別会計と同じように空港建設には、空港整備特別勘定という特別会計がある。政府はそこの問題点についていまだ話題にもしない。まるで、改革の意思がないのである。

その結果、世間の目から遠ざけられているのが、空港の惨憺《さんたん》たる経営状況だ。静岡空港しかり、茨城空港しかり、オープン以来、ずっと評判の悪い関西国際空港しかり、だ。

世界トップクラスの空港数を誇る

航空の歴史は意外に浅い。第二次世界大戦後からスタートしている。日本の場合、一九六〇年代の高度経済成長期から本格的な歩みが始まっており、ある種の国民のロマンを背負い、急激に拡大した産業界といえる。

そんな日本の空港は四十年前の六九年当時、すでに五六に達しているが、そこからさらに空港整備が延々と続いた。バブル期の八七年には、国内八〇空港に到達。失われた十年といわれるバブル崩壊後も、空港だけは建設され続けた。九四年には、全国に九〇の空港網が張り巡らされる。

この間、景気の波が押し寄せては、引いてきた。古くは神武景気のあとのなべ底不況。オリンピック景気が去ると証券不況が襲い、いざなぎ景気や列島改造ブームのあとにはオイルショックがあった。そんな景気循環のなかにあって、道路と鉄道、そして空港の建設はずっと続いた。

好景気のときは政府や地方自治体が航空需要を過大に見積もり、不況になると公共事業として新たな空港建設を計画する。こうしてできあがったのが、現在の国内九七空港だ。それが二年後には九九空港になる。

いまや国内空港の数だけは、世界トップクラスである。国土面積に占める空港数の順で見ると、英国やドイツに次いで第三位。一〇〇に迫る日本の空港は、一万平方キロメートルあたり二・六だが、航空先進国の米国ですら二・〇にすぎない。いつの間にか、米国を抜き去っているのだ。昨今、急激に航空需要が伸びている中国にいたっては、わずか〇・二空港しかなく、日本とは比べものにならない。

「わが県、おらが村に空港を」の実態は赤字経営

ジャンボに乗ってハワイに新婚旅行へ行く――。かつて飛行機旅行は、日本人の憧れだった。

それゆえ、旧運輸省（現国土交通省）や地方自治体は、空港建設のために必死になってロビー活動を展開した。

「わが県、おらが村に空港を」

高速道路や新幹線と同じように、全国津々浦々、立派な空港が、次々と地方に建設されていったのである。

ところが、こうしてつくられた日本の空港は、大半が赤字経営となっている。その実態は、これまでほとんど公表されず、あまり知られていない。

空港経営の惨憺たる状況に対し、さらに拍車をかけているのが、この数年の航空会社による減便政策だろう。

日本航空と全日本空輸は、関西国際空港と北海道、東北、九州などの地方空港を結ぶ路線について減便や廃止の検討を始めた。燃料価格の高騰で搭乗率の低い路線の採算が悪化し、経営を圧迫しているため。既に関空会社に対し便数の削減を打診した。七月中にも決定し、十月以降に実施する方針だ

（二〇〇八年七月六日付毎日新聞朝刊）

〇八年前半まで航空会社は、どこも原油燃料の高騰に悩まされてきた。もはや赤字路線を黙

って飛ばせる余裕などない。国内路線の減便は、企業経営上、必要に迫られた結果でもあった。

JALもANAも路線廃止あるいは減便を発表

地方路線の再編・縮小にあたっては、この先、国土交通省（国交省）や地方自治体との綱引きもあるだろう。世界金融危機に見舞われ、〇八年後半から燃油価格が大幅に下落し、コスト面では航空会社も救われた。が、代わって、不況の波のせいで、肝心の客足が激減してしまう。不況は燃油高より性質《たち》が悪い。航空会社は赤字転落の危機にさらされ、もはや不採算路線のリストラは必至。地方路線の縮小は、簡単には歯止めがかからない状況だ。

日本航空（ＪＡＬ）と全日本空輸（ＡＮＡ）の二大国内エアーキャリアは今二〇〇九年度、旅客二八路線の廃止あるいは減便を発表した。リストラされる路線は国際線の一一に対し、国内線一七路線となっている。

路線の縮小について航空各社は表向き、世界同時不況による航空需要の後退をその大きな理由にあげている。しかし、根本の原因はそこにはない。

路線撤退は儲からないから。それに尽きる。対して空港は航空会社が支払う着陸料が収入源だ。大半の地方空港はただでさえ赤字なのに、これ以上路線の発着便が減れば、ますます苦しくなる。この先さらに赤字に拍車がかかりそうな雲行きなのである。

空港の赤字について、関係者は新幹線をはじめとした鉄道や高速道路との競合が原因だと解説する。むろんそれも間違いではないが、もともと旅客需要がない、といったほうが正解だろう。

ピーク時より半減、まったく人気のない関西国際空港

たとえば関西国際空港（関空）である。不人気空港の象徴のようにいわれ、ＪＡＬやＡＮＡが次々と撤退を表明している。

実際、関空は〇八年三月までの年間発着回数目標だった一三万五〇〇〇回を六〇〇〇〇回も下回ると下方修正したばかりだが、今年度もいっこうに回復の兆しが見えない。

「このままでは空港そのものが沈んでしまう」

例によって大阪府の橋下徹知事が、そう懸命に訴えてきたが、現実は肝心の飛行機が集まらないのだから、どうしようもないのだ。関空の発着便は、今年リストラされる国内二八路線の半数近い一三路線にのぼる。関空そのものの便数では、ピークだった九六年の八四便に比べると、四五便と半減することになる。

これら現実の落差は、昨今の景気動向とは別次元の話なのである。

もはやできてしまったから仕方ないという関係者もいる。あるいは建設途中だから、オープ

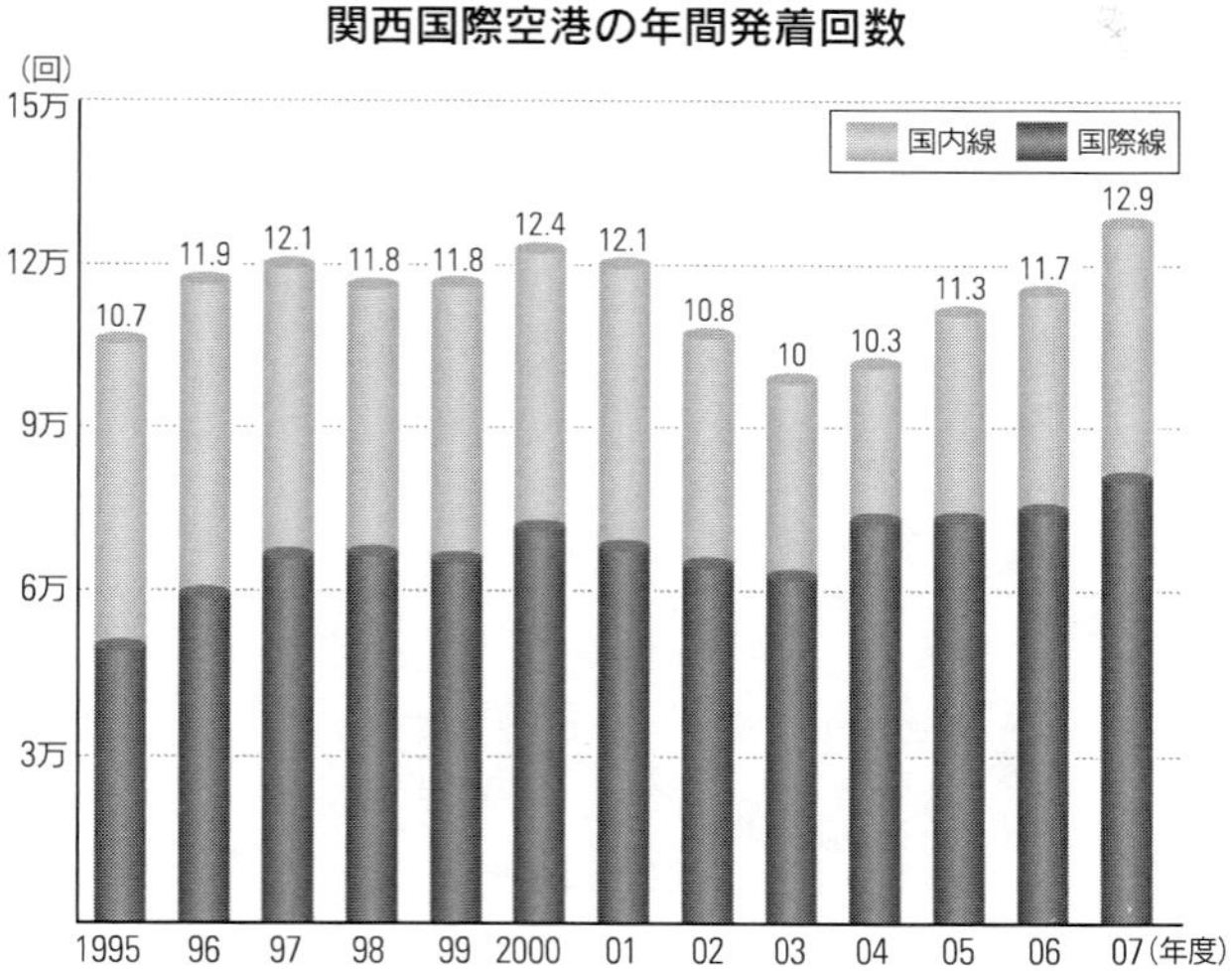

ンまではこぎつけなければならない、と自治体の首脳は言い訳をする。しかしそうして、無駄な空港が次々とつくられていったのが、日本の航空行政の実態なのだ。

狭い日本にこれだけの空港が必要だろうか。その答えは分かりきっている。

そして、そんな日本をとりまく航空事情には、もう一つ環境の変化が加わっている。それが航空の自由化だ。

アジアの玄関口の座を奪われた日本

昨今、世界の航空業界は、オープンスカイという時代の変革期に突入したといわれる。これにより、相手国の政府との二国間の交渉で路線が決められてきた国際便の開設が、自由化されつつある。

たとえば先の富士山静岡空港には、韓国のアシアナ航空が乗り入れる。以前なら、韓国政府と日本の国交省との話し合いで決定されてきたが、その必要はない。空港や自治体による営業努力で、エアーラインを自由に誘致できる。自由化の大きな利点だ。が、逆に路線の撤退も自由である。

航空先進国の米国から生まれたこの自由化の波は、ヨーロッパに伝わり、アジア諸国をのみ込もうとしている。

過去、アジアのなかで米国に最も近い極東の日本は、アジアの玄関口として栄えてきた。日本のエアーキャリアは、アジアの空をわが物顔に飛んできたといえる。そんなアジアの航空地図が、オープンスカイにより、塗り替えられつつある。

航空後進国だった韓国や中国、マレーシアやタイ、シンガポールなどが、いち早く自由化に対処してきた。空港の規模を一気に世界基準に拡大し、アジアのハブ空港を目指している。

しかし、日本の航空行政は、右往左往するばかりだ。日本はアジア諸国の台頭に後れを取り、明らかにかつての地位が揺らいでいる。世界一を誇った日本の海運業は、韓国の釜山港の発展により、あっさり抜き去られた。それと同じ現象が、航空の世界でも起きつつある、という専門家もいる。

否応なく訪れた国際競争時代にあって、二代前の安倍晋三政権下、アジア・ゲートウェイ戦略としてスタートした成田や羽田の国際化は思うように進まず、すでにアジアにおけるゲートウェイの地位は、韓国や中国に奪われているという声すら聞かれる。

その原因は明白だ。長らく放置されてきた航空無策。国際戦略のないまま、成田や関空、中部国際空港などを次々と開港し、国内向けに整備した多くの地方空港の経営も行き詰まっている。静岡空港の次に開港する茨城空港にいたっては、ＪＡＬやＡＮＡがしり込みし、就航を決めたのは、いまのところ韓国のアシアナ航空だけだ。

国交省は、ようやく昨年末あたりから航空行政の見直しに着手した。だが、かなり遅きに失した感が否めない。長年にわたる航空無策のツケが、いままさに噴出しているといえる。その対策に追われるばかりだ。

もう空港はいらない――。日本の置かれた空港の現実を伝える。

第一章 静岡空港「開港延期」の裏事情

寝耳に水の立ち木問題発覚

「さては建設工事中、木が生長して伸びたのではないか」

静岡県知事の石川嘉延は、静岡空港の立ち木が問題になった当初、こう記者会見して失笑を買った。

滑走路がほとんど完成し、あとは国交省の検査を待つばかり。二〇〇九年三月だった開港予定を前にした〇八年九月のことだ。このとき滑走路の西側に航空法の高さ制限を超える樹木の存在が、初めて発覚したのである。静岡県民はもちろん、県議会でもまったくの寝耳に水の事態。それに対するいかにも苦しい知事の弁明だ。

そもそもこの立ち木問題は、地元住民による空港建設反対運動から火がついた。九月十一日、地権者たちが国の事業認定の取り消しを求めて起こした裁判のなかで、この問題が明るみになったのである。その反対派住民のひとり、中村英一が振り返る。

「ここを所有している地権者の方が、おかしいと思って測量してみたことがきっかけでした。すると、立ち木の高さが航空法に抵触していることが判明したのです」

航空法に抵触している以上、立ち木を伐採しなければ空港をオープンできない。いきおい、県議会は大騒ぎになった。あげく九月二十二日の定例記者会見で、知事が苦し紛れに口走った。それが、「木が伸びた」という発言だったのである。むろん、そんなマンガのような言い訳で済む話ではない。

総事業費一九〇〇億円の鳴り物入り

静岡空港は国内九八番目の空港として、〇九年三月開港を目指してきた。羽田空港の発着キャパシティを補う「首都圏第三空港」と位置づけられている。昨今の韓国や中国、台湾の観光客を呼び込もうと、「富士山静岡空港」という愛称をつけたとされる。日本のシンボル富士山に最も近い空港というのが自慢の、新空港建設計画だった。

「経済発展と豊かな県民生活の維持に必要だ」

静岡県が国土交通省にそうアピールし、九六年に国の空港設置許可が下りる。

日本の空港には、空港整備法第二条（空港の定義および種類）により、第一種空港・第二種空港・第三種空港という区分けがある。簡単にいえば、空港の設置者や運営者の違いから、こう分けられている。

たとえば第一種空港は国の監督下に置かれ、国営や空港公団、国が株主の民間会社などによる運営空港だ。羽田や成田、関空などがこれにあたる。また、第二種空港には、国の管理下に置かれたA空港と地方公共団体や第三セクターなどが経営するB空港があり、残りが地方自治体の設置・管理する第三種空港だ。もっとも、どれも国交省の設置許可が必要であり、建設費用の大半を空港整備特別会計（空整特会）に負っているため、新たに空港をつくるためには国の顔色をうかがわなければならない。国交省の指導や影響はかなり大きいといえる。

問題の静岡空港は国の設置許可を得て、県が設置・管理する第三種空港だ。島田市と牧之原市にまたがる約一九〇ヘクタールに建設されてきた。九八年に着工された総事業費は一九〇〇億円。これまでの工事費は、県や市町村が一六五五億円を支出し、残り二四五億円を国庫助成で補っている。

せっかく新空港をつくるのだから、大型機の離着陸できる二五〇〇メートル滑走路を建設する。羽田と同じ規模の滑走路であり、これだけあれば、大型機が国内どこにでも飛べる。その滑走路などの整備事業費だけで、約四九〇億円をかけた。先の国庫補助二四五億円はこの整備事業費の半分を負担するという名目で、空港整備特別会計から支出されている。

そもそも羽田並みの二五〇〇メートル滑走路が必要だったかどうか、についても疑問が残るが、それらの青写真を前提として、各航空会社が静岡空港への就航を決定している。日本航空（JAL）や全日空（ANA）をはじめ、富士山観光をあて込んだ韓国のアシアナ航空もソウルからの定期便乗り入れを決めた。

ちなみにこの二月二十六日にテスト飛行をしたフジドリームエアラインズは、新空港のために地元企業の鈴与グループが出資し、わざわざ設立された航空会社だ。熊本線などを飛ぶ予定である。

測量間違いが原因か——お粗末な県の対応

そんな鳴り物入りの富士山静岡空港が、開港を延期したのだから、騒いだのは静岡県ばかりではない。

すでに〇八年八月中には空港本体部の工事を終了している。翌九月中に国交省に完成検査を申請する予定だったところ、文字どおりそこへ立ちふさがったのが、立ち木問題なのである。石川嘉延静岡県知事は、三月のオープン予定の七月延期を表明したのち、六月四日に暫定オープンすると発表した。しかし、悩みの種はうんざりするほど多い。

知事にとって立ち木問題とは、降って湧いたような不幸に違いない。問題は滑走路西側の約一四〇〇メートル先にある一五三本の樹木と三カ所（計七・四平方メートル）の未収用地だ。

本来、これらの地域は滑走路ではない。居住地域でも、地権者との買収交渉もおこなってこなかったところだという。ところが〇七年になって、立ち木が航空法に抵触するのではないか、と問題になる。県議会が紛糾する一年も前のことである。

運の悪いことに、くだんの地域の地権者たちは空港建設に反対してきた。問題が発覚して以降、静岡県も立ち木の伐採を訴えてきたが、合意するわけがない。その間、県は問題を隠してきたわけだが、それがオープン予定の半年前になって明るみになり、慌てふためいてしまったというお粗末なのである。

空港建設反対派の中村（前出）が説明する。

「滑走路に近い地域の多くは、土地収用法に基づいてすでに強制収用されていました。ここの私有地の前後の土地も、収用されていたのです。そこでくだんの地権者がなぜ自分の土地だけが、収用対象になっていないのか不思議に思っていたそうなんです。一度、調べてみようとして、自ら測量してみた。すると航空法に抵触する地形と立ち木が残っていたことが判明したのです。元はといえば、明らかに県側の測量間違いでしょう。それを伝えると県側は認めようとしない。そこで、行政訴訟に持ち込んだのです」

土地自体も規定より一メートル程度高い部分があったのだが、とりわけ知事の「伸びた」発言で話題になったのが四〇本の立ち木なのだ。実際、航空法の規制より一〇メートル以上高い立ち木群が、離着陸の障壁になる可能性ありとされ、航空法の規制に抵触するのである。

むろんこのまま空港をオープンできるわけもない。それなら、とばかりに、知事は滑走路の短縮を決定。完成していた二五〇〇メートルの滑走路をわざわざ三〇〇メートルも短縮すると表明した。

予定していた滑走路の飛び立つ位置より手前から離発着させれば、立ち木の影響を受けないからだという。まさしく付け焼刃の応急処置だ。離陸地点が変わるため、新たに航空灯火や標識などの追加工事が必要となる。その工事に最低でも二カ月かかるという。結果、六月まで開港を遅らせたというわけである。

滑走路の短縮で対応。フライトスケジュールも全面見直し

「短縮する滑走路はいつでも元どおりに戻せる状態です」（県空港部）
静岡県は滑走路の短縮について、こう説明した。いわば緊急処置であり、いずれ当初の計画だった二五〇〇メートル滑走路に戻して運用するという。しかし、その追加工事には一億一〇〇〇万円もかかる。ある大手航空会社の関係者が指摘する。
「静岡空港は、二五〇〇メートルの滑走路で運航されるよう設計されています。レーダーの機

能もそうなっているため、使えないのです。パイロットが機体を着陸させるとき、一定のところまでレーダーに誘導してもらい、そのあと地上の滑走路を目視して降り立ちます。だが、天候が荒れると、滑走路をなかなか目視できない。その場合、レーダーによる電波誘導方式で着陸することもあるのですけど、それができなくなるのです」

滑走路の短縮といえば、素人目には簡単に思えるが、決してそう単純な計画変更ではない。レーダーが使えないからといって、すぐさま危険だとは言い切れないものの、いかにも不安が残る。

もとより滑走路の変更は、飛行機を運航する航空会社にとって、重大事情である。場合によっては、フライトスケジュールそのものを見直さなければならない。

静岡空港に関しては、問題が発覚する直前の〇八年八月、すでに翌〇九年三月からの運航計画が固まっていた。JALなら、静岡―札幌線を一日一往復、静岡―福岡線を三往復する。ANAは同じ札幌線一往復のほか、沖縄線を一往復。富士山観光をあて込んで乗り入れる韓国アシアナ航空は、ソウル・仁川空港からの一往復便だ。さらに、地元のフジドリームエアラインズが、石川県の小松線を二往復、熊本線と鹿児島線をそれぞれ一往復ずつ飛ぶことになっていた。

いうまでもなく、これらのフライトスケジュールは、あくまで二五〇〇メートル滑走路を前提条件にして決められている。それが短くなると、どうなるか。

県側の発表どおり、三〇〇メートル短縮された場合、滑走路は二二〇〇メートルになる。が、実際には、「二〇〇〇メートル程度使えたらいいほうで、一七〇〇メートルほどの滑走路と考えるべきではないか」（航空関係者）との指摘もある。

二〇〇〇メートルの滑走路問題

基本的に飛行機の運航は、機体の性能と総重量に応じて飛行距離が決まる。なかでも機体そのものと積載貨物、乗客、それを飛ばせるだけの燃料を合わせた重量の影響が大きい。燃料自体が重いため、片道分の燃料を積んで目的地へ行き、給油して帰ってくる。航空路線の基本が、往復便なのはそのためだ。

ここで、滑走路の長さが重要になってくる。重い大型機で長い距離を飛ぶためには、大量の燃料を積み込まなければならないが、軽くて小さな機体の飛行機に比べると、それだけ長い滑走路が必要となるわけだ。

成田や関空など国際空港に四〇〇〇メートルの滑走路を備えているのは、こうした大型機を遠くへ飛ばすためである。昨今、航空機のエンジン性能や小型化により、国際線は三〇〇〇メートルから三五〇〇メートルあれば、たいていの飛行機は世界中どこへでも飛べるようになったが、かつてジャンボと呼ばれたボーイング747など、国際線の大型機を欧米へ飛ばすには、四〇〇〇メートル級の滑走路が不可欠とされたものだ。

こうして、大型機による国内線や近隣諸国への運航には、二五〇〇メートル滑走路がスタンダードな空港とされている。それが静岡空港のように、二〇〇〇メートルや一七〇〇メートルになれば、どうなるか。

たとえば、ANAが予定していた沖縄行きボーイング737-500という機体で貨物と旅客が満杯になったとすると、二〇〇〇メートルの滑走路では飛べない。となると、どうなるかといえば、航空機を小さくするか、あるいは乗客や貨物の重量制限をせざるを得なくなる。

本来、ボーイング737-500型機は一二六人乗りである。仮に、予約が一〇〇人に達したところでストップ。もしくは荷物の重量を一人あたり何キロまでと、持ち込み制限する。そんな事態にもなりかねないという。

むろん、乗客にとっては無茶な話だ。なにより、そこまでして静岡空港から沖縄に行く必要もない。静岡県民であっても、羽田空港から沖縄に向かえばいい。あるいは中部国際空港からでもいいわけだ。こうなるとANAが、フライト計画そのものを大幅に見直す必要に迫られるに違いない。

だが、静岡空港の問題は、これだけにとどまらない。肝心の静岡県が公表している空港利用者の需要予測。これすら非常に怪しいのである。

どんどん下方修正される杜撰な需要予測

静岡県が最初に旧運輸省へ空港設置許可申請をした一九九五年二月、発表した利用者予測は一七八万人だった。この予測が年を経るごとにコロコロ変わる。

五年後の二〇〇〇年七月の最低需要予測では一二二万人。さらに五年後の〇五年四月の最新予測では一〇六万人に下方修正されているのである。

最初に大風呂敷を広げ、いかにもバラ色の計画のように見せておいて、計画の実施日が近づくにつれ、徐々に現実に馴《な》らしていくというやり方のようにも見える。

この需要予測については、さまざまな批判が起きてきた。

「羽田や中部国際空港など近隣空港の利用を考慮していない甘い予測」

あるいは、

「不当に安い運賃で予測を立てている」

といった批判も巻き起こった。そのたびに需要予測を気前よく下げてきた経緯もある。航空関係者からは「批判が起きるたびに低くなる。まるでバナナのたたき売りのようだ」と皮肉られている始末だった。

そこで、県の航空需要がいかに杜撰な予測なのか、について検証してみた。〇九年三月に予定されていた航空各社のフライトスケジュールから、利用者の人数を算出すると、次のようになる。

まず、静岡―札幌線は、ＪＡＬの一五〇人乗りＭＤ-90型機とＡＮＡの一二六人乗りボーイング７３７-５００型機が運航する予定だ。ＪＡＬとＡＮＡが一日一便ずつ二往復するため、満席になったと仮定して五五二人の乗客。同様に、ＪＡＬのＭＤ-90型機と七六人乗りのエンブラエル１７０型機で三往復する福岡便で満席になった場合は七五二人となる。さらに前述のＡＮＡによる沖縄便では一日二五二人の利用者だ。

そこに期待の韓国・アシアナのソウル便一往復を加える。これは満杯で一日三五四席。さらに新規参入した地元のフジドリームエアラインズによる鹿児島一往復、小松二往復、熊本一往復を足すと、六〇八人の利用客となる。

改めてこれら一日の利用客を合算してみる。札幌便の五五二人、福岡便の七五二人、沖縄便の二五二人、ソウル便の三五四人、フジドリームエアラインズの六〇八人で、トータル二五一八人だ。富士山静岡空港という鳴り物入りの空港の割には、全部合わせてもこれだけしかない。で、仮にこれらの便が三六五日すべて満席になったとする。単純に全部の便数と座席数を掛け合わせてみた。すると、九一万九〇七〇人にしかならない。一〇〇万人にも満たない数字である。

翻って、計画当初に静岡県が予測した年間利用者の数が一七八万人。しかも、アシアナ航空のソウル便やフジドリームエアラインズの新規参入便は、のちにプラスアルファされたから、この時点ではまだ含まれていない。にもかかわらず、こんな予測を立てていたのである。

東京と名古屋の真ん中に空港が必要か

前述したように、この需要予測は次々と下方修正されていき、最終的に一〇六万人になった。しかし、目いっぱいでも一〇〇万人に到達しない。下方修正した利用客予測にすら届かないのだ。

繰り返すまでもなく、フライトスケジュールに基づいて算出した人数は、マックスの年間利用客である。本来、すべての航空便が満席などあり得ない。通常、航空会社の利用状況における採算分岐点は六〇パーセントとされ、それで計算すると、ざっと一年に六〇万人しか客がいない計算になる。せいぜい頑張って七〇万人といったところではないだろうか。

つまり、県がはじき出してきた数々の利用予測は、文字どおり「とらぬ狸の皮算用」だ。最終予測の一〇六万人でさえ、とうてい現実離れした需要予測と言わざるを得ないのである。

そもそも東京と名古屋の真ん中にある静岡に空港が必要なのか。そう航空関係者から指摘されるゆえんはここにある。

航空各社は実際の富士山静岡空港の需要をどう考えているのだろうか。私はそれを聞くべく、〇八年七月、韓国アシアナ航空を訪ねた。

「アシアナ航空は、静岡県の販売促進活動により、昨年（二〇〇七年）十二月に静岡空港の市場性を見込んで営業支店をオープンしました。韓国ではこの数年、富士山観光をはじめ、日本でのゴルフや温泉目当ての旅行が流行してきました。その意味で期待しています」

マーケティング担当の営業企画部朴東勉次長らは言いながら、次のように本音をのぞかせる。

「ただし、航空会社として利益をあげるためには、観光部門よりビジネス需要が大切です。ビジネスマンのほうが安定的な利用になるという理由が一つ。そして、ビジネス利用のほうが圧倒的に収益率がいいから。従って、日本には首都圏の路線をもっと増やしてもらいたい、というのが正直なところです」

そもそも静岡空港への路線に大きな魅力があれば、韓国内におけるライバルの大韓航空が放ってはおかないだろう。アシアナ航空にしても、一日一往復便ではなくもっと多くの便を就航させるはずだ。

つまるところ、静岡県側が熱心に誘致するため、とりあえず一往復便だけ就航させ、様子を見ようというのが、アシアナ航空の本音だといえる。

七〇パーセントという無謀な搭乗率をＪＡＬに保証

空港のオープン延期問題に火をつけた立ち木の所有者はこの〇九年二月十一日、石川知事に辞任要求を突きつけた。測量のミスを認め、責任を認め辞任すれば、所有地の立ち木を伐採してもいい、という条件を提示したのである。再び前出の反対派の中村がいう。

「もともと立ち木問題はここを収用すべき地域に含めていなかったことから起きているといえます。土地収用法に基づいて、県が指名して発足した収用委員会の決定が間違っていたわけです。しかし、収用委員会は県側からもらったデータに則って判断したにすぎない、と責任逃れをし、県は県でまるで測量関係業者のミスのような言い方をしている。結局、誰も責任を負わないまま、いまの泥沼の事態に陥っているのです」

こうして揉めているさなか、新たな火種が持ちあがった。ＪＡＬに対する搭乗率保証である。まさか杜撰な需要予測で迷惑をかけるであろう航空会社への詫びのしるし、というわけではないだろうが、乗客数が足りずに採算割れしたときには、エアーラインの赤字を県が補塡《ほてん》するという。

搭乗率保証は石川県の能登空港が乗り入れを渋っていたＡＮＡにおこない、話題になった。能登空港についてはのちに詳述するが、静岡空港で保証する搭乗率はそれと同じ七〇パーセントというから驚きだ。

対象路線はＪＡＬの静岡─福岡線だ。なぜ札幌や沖縄路線ではないのか。県側の説明によれば、新幹線との競合により苦戦が予想されるからだという。これを似たような路線と比べてみる。

国交省の発表では、〇六年度の名古屋─福岡線における平均搭乗率が五四・二パーセントだ。ドル箱とされる羽田─福岡線でも六二・八パーセントしかない。

年間に何億円もの血税をＪＡＬに垂れ流すのか

通常、定期路線の採算分岐点は六割といわれる。そこに到達できないから、航空会社は路線から撤退してきた側面がある。ドル箱路線でさえ六割あまりしかないのだから七割の搭乗率は不可能に近いのではないだろうか。

県のいうように、静岡─福岡線が新幹線に押される面もあるだろう。しかし、これを下回れば、税金で補塡しなければならないのである。

県は支払う一座席あたりの補塡額を一万五八〇〇円と試算している。これ自体が高すぎるという批判もある。それはともあれ、仮に六割の搭乗率を確保できたとしても、年間に三億八〇〇〇万円をＪＡＬに支払うことになる。五割、四割となれば、計算上はその二倍、三倍となる。

下手をすれば一〇億円以上の血税を投入しなければならないのだ。

おまけに、万が一搭乗率が七割を超えても県側が潤うわけではない。能登空港の場合は、保証を上回れば、その黒字分をキックバックしてもらう契約をＡＮＡと結び、逆に利益をあげている。黒字分を販売促進費用として活用し、実績づくりに励んでいるが、ここはそんな希望的観測は通用しない。毎年、ＪＡＬに税金を垂れ流す以外にないだろう。

そもそもなぜＪＡＬ便だけに搭乗率保証をするのか。行政としてはやや公平性にも欠ける。

この件が公表されるや、案の定、ＡＮＡが知事に嚙《か》みつく始末だ。むろん県議会でも、揉めに揉めている。

「目標の搭乗率を下回る場合には、まずは需要喚起策の充実に努めます」

二月十九日、石川知事は代表質問に立った民主の小長井由雄県議にこう弁明した。

「必要があれば、運航規模の見直しを含めた措置をします。すなわち減便も検討します」

ますます苦しい立場に追い込まれた。石川知事はついに進退極まる。

「辞めれば（立ち木を）切ってもらえると期待する」

そう記者会見し、知事の辞任を発表したのである。

だが、杜撰な計画の下、空港建設を推し進めてきたのは、この富士山静岡空港ばかりではない。全国津々浦々に一〇〇近い空港が点在する日本。とりわけ地方空港は赤字経営に苦しみ、韓国をはじめとしたアジア諸国に救いの手を求めようとしている。が、それもそううまくはいっていない。静岡空港に就航するアシアナ航空の朴次長はこんな話もした。

「日本の地方空港は、どこも韓国エアーラインの就航を望み、働きかけてきます。こちらとしては、空港に支店を出さなければならないし、設備の費用もかかる。だから、どこの空港に就航させるか、慎重に検討します。日本への就航の一つの要素としては、地方自治体からのインセンティブ、具体的には補助金をどのくらいもらえるかという点もある。高松、米子、旭川などからは実際に補助金が出ています」

日本の地方空港がアジア諸国を頼る理由には、世界的に広がりつつある空の自由化問題が密接に絡んでいる。

成田・羽田問題が地方に影を落とす

欧米からアジアへと広がるオープンスカイの波――。昨今の世界不況のせいで忘れがちだが、つい一年ほど前まで、航空業界の話題は「オープンスカイ」の成り行きで持ちきりだった。新聞やテレビ、雑誌などで盛んにこの言葉が使われ、政府も空港グローバル化への対応に苦慮してきた。世界の航空業界が、空の自由化に向けて走り出し、変貌を遂げてきたのは間違いない。

表向き、国交省もさすがに空港開放の必要性を認めざるを得なかった。そこで、安倍晋三政権下で動き出したのが、二〇〇六年のアジア・ゲートウェイ構想である。

焦点は、オープンスカイ時代に対応できる日本の空港づくり。その基本的な考え方をまとめようとしたとされる。なかでも、成田空港の位置づけと羽田空港の国際化が、この先日本の航空業界の浮沈のカギを握っている。そして、この成田や羽田の問題が、地方空港の運営に大きな影を落としているのだ。

日本の空港ネットワーク全体の将来像を考えるうえで、オープンスカイは決して切り離せないテーマだ。不可分の関係にあるといえる。

半面、日本のオープンスカイ政策は、二四時間離発着できる基幹空港の門戸を外国に開いている世界のそれとは異なる。

日本の場合、自由化といっても、海外に開放されるのは、首都圏以外の空港に限定されている。そのほとんどは閑古鳥の鳴く地方空港だ。そこが世界のオープンスカイ政策との決定的な違いといえる。

夜間に離着陸できない成田、国内路線限定の羽田

首都圏空港の問題をざっくりとらえると、海外四〇カ国の航空会社が就航の順番待ちといわれる成田空港には、夜間に離着陸できない制約がある。また、羽田はあくまで国内路線空港と

いう日本の航空政策の基本路線があり、それもいまだ根強い。首都圏空港は「成田は国際、羽田は国内」と分散されている。成田と羽田の事情が、日本のオープンスカイを他の国と異なる形にさせているといっていい。

そこで政府は、国内と国際の両路線を併用できる関西国際空港や中部国際空港の開放に踏み出した。しかもどちらも二四時間利用できる。だが、これもいわば苦肉の策だ。

実のところ、関空も中部も、国際線の需要を期待できない。むしろＪＡＬやＡＮＡといった主要航空会社は、これら二つの空港の国際路線について、年々絞り込んでいるのが実情だ。開放した頼みの海外の航空会社も、関空、中部への路線就航については、お世辞にも積極的とはいえない。

つまり国交省は、海外の航空会社から必要とされていない地方空港や関空、中部などの路線を提供するからどうぞ、と誘致しているにすぎない。そこで、まさしく需要と供給のミスマッチが起きているのである。なぜこうなってしまったのか。

その矛盾の大きな原因であり、日本の航空政策のポイントとなるのが、羽田空港の活用方法である。

のちに詳述するが、日本の地方空港は、ほとんどが赤字に陥っている。その理由は国内路線に人気がなく、便数が少ないからだ。ＪＡＬやＡＮＡにとって、国内路線でうまみがあるのは羽田や伊丹、北海道の新千歳や九州の福岡といった大空港と結ぶ路線である。かたや地方空港から見たら、航空会社の就航がなければ、着陸料収入が入らない。国内線でも国際線でも、乗り入れてくれるならどちらでもいい。エアーラインが離着陸してくれれば、着陸料が入るわけだ。

国内線でいえば、羽田と結んだ路線なら、一定の利用客が見込める。だからＪＡＬやＡＮＡが飛行機を飛ばしてくれるだろう。それゆえ羽田路線を確保したい。風が吹けば桶屋が儲かる、の類の皮算用だ。

利用客がいない地方空港を開放

客の少ない地方空港にとって、長年羽田路線は唯一無二の期待の星だったのである。そうして、国内地方空港と羽田の路線便がますます増え、羽田が大混雑してきたのだ。

だが、実際のところは、羽田路線といっても年々乗客が減っている。ＪＡＬやＡＮＡが、伊丹、新千歳、福岡など基幹路線以外の地方空港路線の就航を抑えているのは、収益が見込めないからにほかならない。国内の地方路線より、むしろ経済成長の著しい東アジアなどの海外路線を拡張したい、というのが本音だ。とくにこの数年のアジア路線は、収益性の高いビジネス需要が多く見込めた。

もともと地方空港には、発着枠があり余っている。しかし、期待の羽田路線には羽田空港の受け入れ枠がなく、航空会社も乗り気でない。つまり、ここでも需給のミスマッチが起きているといえる。

オープンスカイ政策について、国交省は、地方空港に余裕があるのだから、海外に開放したらいい、という発想だろう。だが、肝心の利用客がいない。需給のミスマッチがあり、無理があるのだ。と同時に、地方空港が羽田と結ぶ国内路線にも似たような状況が発生している。いわばダブルの需給ミスマッチがある。にもかかわらず、国交省は、苦し紛れの政策をごり押ししようとしている。そうとしか見えないのである。

「完全自由化は必要なし」との国交省の方針

純粋に、航空需要という点でいえば、海外からの就航希望は、首都圏空港に集中している。とりわけ期待されているのは、二〇一〇年に第四滑走路が完成する羽田の一〇万回の発着枠増だ。それを日本側がどこまで開放してくれるか、という点である。しかし国交省は、できる限り羽田の増枠分を国内路線向けに残そうと懸命だ。

まるで矛盾した政策といえるが、あえてそれを押しつけている理由が地方空港の経営問題なのである。

政府は、道路整備特別会計そっくりの空港整備特別会計（空整特会）を使い、日本全国の津々浦々に一〇〇近く建設してきた空港を放っておくことはできない。これまでの政策のおかしさが、いまになって一挙に噴き出しているのである。

結果、航空行政の総本山である国交省は、当初二〇一〇年の羽田空港再拡張時における国際線への開放を三万回にとどめようとした。〇八年五月当時、同省の航空局長だった鈴木久泰に、羽田を開放しない理由、ならびに日本のオープンスカイに対する取り組み状況について尋ねたことがある。

「確かに航空の自由化は、世界的な潮流ではあります。しかし、米国の提唱するような完全な空港の自由化、つまりオープンスカイ政策を取っている国は、まだ一部にすぎません。アジアでは韓国やシンガポールが米国とオープンスカイ協定を締結していますが、韓国とシンガポールには、事実上国内路線がない。だから国際線に打って出る以外になかったわけです」

鈴木局長はそう言った。

「日本とは空港事情が異なります。日本は首都圏空港が満杯だという特殊事情があります。われわれも成田や羽田が無制限に拡大できたら、『自由にどうぞ』とやれますが、悲しいかな、そうはできない。航空の世界は、まだまだ二国間での航空協定が主流であり、そのなかでどう対処していくかという問題だと考えています。オープンスカイでは、日本が相手国の空港へ自由に乗り入れできる代わり、向こうも参入できる。われわれとしても、去年のアジア・ゲートウェイ構想を踏まえ、自由化を進めていこうという考えはありますが、完全な航空自由化は難しいのです」

近い将来、仁川や上海が成田を追い抜く

簡単にいえば、現時点では欧米や一部のアジアの国で始まったほどの自由化は必要ない、というスタンスだ。

「アジアの航空界における日本には、かなりの強みがあります。現在のアジア諸国の空港や航空会社の関係は、かつての日米間における空港や航空会社の関係と同じだと思います。アジアの中での日本の航空会社の立場は、以前の日本に対する米国の航空会社のような優位な立場に立っている。アジアの中で日本は力があるので、二国間交渉で十分にやっていけます。だから、まずはアジアのゲートウェイとして空港機能を高めていく。韓国やタイ、それに中国やベトナム、インドなど、アジア諸国を相手に航空交渉していますし、成果も上がっています。たとえば静岡空港などでは韓国からの就航が決まっていますからね」

鈴木局長のいう航空自由化の成果とは、もっぱら地方空港とアジア諸国との路線開設を指す。〇七年八月韓国、同十二月タイ、〇八年一月には香港マカオと日本国内の地方空港への乗り入

れ自由化について、日本と相手国の航空当局の双方で合意した。

おまけに自由化構想の一つには、先の富士山静岡空港も入っている。インタビューした時点では、あくまで〇九年三月の開港が予定されており、国交省としてもアシアナ航空の仁川―静岡路線を大歓迎していた。

が、その後、静岡空港の開港延期が決まったのは、前に記したとおりだ。換言すれば、日本における航空の自由化は、この程度でしかないのである。

一方で、需要の高い首都圏空港は、自由化がまったく進んでいない。最も米国に近いアジアの極東に位置し、とりわけ米国に対するゲートウェイの役割を果たしてきた成田は、近い将来、仁川や上海にその地位を奪われる可能性さえある。すでに海上貨物運輸で、横浜や神戸の取扱量が韓国や中国に抜かれているが、それと同じことが空でも起きる可能性は否定できない。

これまで成田空港は、アジア各国の航空会社から人気があり、ホームグラウンドにしているJALやANAの強みもあった。だが、それがいつまで続くだろうか。鈴木局長は言った。

「もともと日本の国際線は、羽田の国際線があふれ、それを成田に移そうとしたのが始まりでした。その後、成田が目いっぱいになったことから、再び羽田に国際線の補完機能を持たせようとしたのです」

首都圏空港の現状について、鈴木局長はどう考えるか。

「そうした流れのなかで、羽田を拡張し国際線に振り向けようとしているのです。羽田の発着枠が増えるので、成田の一部をお手伝いしましょう、という発想です。いわば成田と羽田の合わせ技で自由化を工夫しているといったところでしょうか」

「まずは国内優先」政策と需給のアンバランス

国際線は成田で、羽田はその補完にすぎない。やはり鈴木局長は、日本の基幹空港である首都圏の二つの空港をそう位置づける。

おかげで羽田発の国際路線については、「ペリメータ規制」の二〇〇〇キロ以内に限定してきた。ペリメータ規制とは、国内最長である羽田―石垣島線の範囲内を意味する。その考え方には、「国際・成田、国内・羽田」という大原則が根底にある。

安倍政権下の二〇〇六年のアジア・ゲートウェイ戦略会議では、このペリメータ規制について批判された。この点について、鈴木局長は次のように釈明した。

「ペリメータは、羽田の国際線を国内路線の範囲内にとどめるという発想ではありません。都心に近い空港だから、近距離の国際路線を優先しただけの話です。羽田には羽田にふさわしい路線がある。羽田は都心に近いので、近距離路線を受け持つということです」

そして、こう続ける。

「成田は国内線には不便で向かない。だから、まずは羽田に国内路線を任せる。羽田には、まだ国内路線の需要があります。空港を抱える自治体からの羽田路線に対する要望は強い。新千歳なんかは、発着枠をもっと増やしてほしいといってきています。日本海側の新幹線の走っていない地方や北海道や九州など遠いところについては、国内路線の需要があるのです。もともと羽田が国内で成田が国際ということでやってきたわけですから、羽田を国際路線の基幹空港として利用することはできない。まずは国内優先です」

やはり、羽田の国際化については抵抗があるようだ。しかし、現実には国内需要は頭打ちであり、国際路線の増便を望む声のほうが大きい。

むろん首都圏のみが海外の玄関口である必要はない。国際競争にさらされているJALやANAには、コスト競争力を磨いていく努力が求められる。だがその一方で、海外に比べ、日本の空港利用料は高く、それだけで競争力が劣っている。地方空港に海外からの路線就航の需要が見込めないのは、そうした事情もある。

結果、前述したような需給のアンバランスが起きているのである。少なくとも、将来の方向性を考えるとき、もっと大胆な発想が必要なのではないだろうか。

アジア・ゲートウェイ構想の自由化はどこまで実現するのか

インタビューでは、羽田の国際線への振り分け分三万回にこだわっているようにも見えた。そこで、鈴木局長へ、羽田の国際路線をもっと増やすべきではないか、と質問してみた。すると、こう答える。

「成田にしろ羽田にしろ、(国際線の増枠は) これで終わりというわけじゃありません。われわれとしては、首都圏空港の拡張を工夫しながら、さまざまな対応をしていきたいと考えています。その一方で、アジア各国についても、首都圏だけでつなげばいいというわけではない。福岡なんかはむしろ成田よりアジアと近いし、海外からの需要も多い。そうした複合的な要素を踏まえていかなければならないと思っています」

鈴木局長は、ペリメータ規制や羽田の国際線枠の三万回について、未来永劫変えないわけではないと言った。だが、その言葉の端々に、できる限り羽田を国内空港として残したい、という本音が透けて見えるのである。

もっとも、一国の政策について大きな方向性を示すのは、行政の任ではないかもしれない。むしろ政治の役割だ。その政治の立場から、国土交通大臣政務官だった谷公一代議士に、航空政策をどう見るのか、聞いた。

「航空政策で日本が国として遅れているのではないか、という危機意識はあります。だからこそ、政府として昨年（〇七年）、アジア・ゲートウェイ構想を打ち出した。これを一大方向転換だと位置づけ、スピード感を持って世界の自由化の流れに乗っていきます」

として、次のように話した。

「こうした意識から、羽田の国際化について、すでに運航している上海《シャンハイ》・虹橋《こうきょう》空港やソウル・金浦《キムポ》空港との定期チャーター路線を開設してきたほか、現在、北京五輪に向けて北京も定期チャーター路線の開設の準備を進めています。また成田は二十四時間利用できないことから、羽田は午後十一時から午前六時までの深夜早朝枠を使って発着路線の増枠などに取り組んできました」

アジア・ゲートウェイ構想をきっかけに、羽田の国際化に対する要望が高まってきたのは間違いない。この間、政府はチャーター便という手段を使って制約付きの開放をおこなってきた。だが、ゲートウェイ構想を経て結果的に打ち出された羽田の国際化は、一〇万回の発着増枠のうち、国際線への割り当ては三万回にすぎなかった。これをどう考えているか。そこを質問すると、計算機を持ち出して答えた。

「確かに三万回の増枠だと、少ないかもしれませんな。一路線一日四往復として計算すると、飛行機を飛ばせるのは最大で一〇都市（空港）にすぎません。四便×二往復×三六五日×一〇空港＝二万九二〇〇回だ。これを、一日八往復と仮定すると、その半分の五都市にしか路線を就航できないことになる。実際に計算してみると、確かに決して多いとはいえません。もっと増やす必要があるかも分かりませんな」

就航希望の海外エアーラインが目白押しの成田では、滑走路の延長によって二万回の発着枠が増えるため、これを羽田の三万回と合わせたとする。それでも五万回の国際路線の増枠にしかならない。

かたや、少子高齢化や新幹線や高速道路の整備により、国内航空路線の需要は増えるどころか、減る一方だ。

プール制でどんぶり勘定の空港経営

そもそも羽田を国際化できないのはなぜか。その理由が釈然としない。いみじくも国交省の鈴木航空局長の話したように、赤字の地方空港を抱える地方自治体の要請による救済策のようにも思える。谷代議士は言う。

「その点は確かにある。ただ、石川県の能登空港のように、自治体の中には東京からの観光客を呼ぶために頑張っているところもあります。地方も創意工夫をしながらやっていくほかありませんな」

もとはといえば、地方空港の経営難は、空整特会という特別会計を使って空港をつくりすぎたせいにほかならない。しかも空整特会は、空港の滑走路建設だけに投じられているわけではない。

国交省は、空整特会を使って全国にちらばっている主要空港の運営費用を一元管理している。空整特会は以前の高速道と同じく、いわゆるプール制会計になっており、赤字の空港を助けている。そのために個々の空港の経営状態すらはっきりしなかったのである。

「いわゆるどんぶり勘定になっているのは確かです。だから、この先、空整特会がどのように使われているのか、明確にする必要もあるでしょう。空整特会そのものを独立行政法人化するという検討もしている。それを含め、会計を明確にする予定です」

羽田を国際競争の舞台に開放できない理由とは何か。さらにいえば、経営再建中のＪＡＬ救済ではないかとも囁かれている。

オープンスカイ政策をとって成田を開放すれば、成田空港を舞台にした航空会社間の競争が激化するのは、目に見えている。となると、国際線が主力であるＪＡＬの収益環境は、今よりさらに厳しくなる。

かつてナショナルフラッグキャリアとして君臨してきたＪＡＬは、欧米路線を牛耳り、事実上唯一の国際空港だった成田に格納庫や地上設備など巨額の投資をおこなってきた。羽田を国際化すれば、新たな設備投資を余儀なくされるが、経営難のＪＡＬにその余裕はない。政府が羽田空港の国際路線開放を制限している背景には、そうしたＪＡＬへの配慮があるのではないか。谷代議士に、ずばりそう尋ねてみると、こう答えが返ってきた。

「おっしゃるとおり、国を代表する企業ですから、経営不安があれば無視はできません。しかし、政府としてもっと大事なのは、そのために世界の流れから遅れてはならないということ。だから羽田の国際化についても、この先、需要を見ながら幅を持って検討していく。それに則って自由化を進める。現状ではそういう以外にはありません」

韓国の仁川空港が日本のハブとなる日

これらのインタビュー直後、国交省は羽田空港の国際線への増枠分を三万回から六万回に増やした。だが、現実はまだまだそれでも足りないと言わざるを得ない。

欧米はいうまでもなく、アジアの中でも韓国の仁川《インチョン》空港やシンガポールのチャンギ空港などは、一気にオープンスカイに舵を切っている。果たして、日本は世界の航空自由化のスピードについていけるのだろうか。

ここへ来て、日本の地方空港には、韓国の仁川空港と路線を結ぶ傾向があらわれ始めた。静岡や茨城と結ぶアシアナ航空だけではなく、大韓航空による仁川空港と日本を結ぶ路線は、全部で一四に達している（〇八年五月現在）。日本の対象空港は、羽田や福岡などの主要空港だけではなく、青森、秋田、新潟、小松から岡山、長崎、鹿児島などだ。こうした現象について、航空関係者の多くは、韓国政府によるアジアのハブ空港戦略の一環だと見る。

一方で、首都圏空港機能が成田と羽田に分散されているため、日本の地方空港は国際線への乗り継ぎが不便なままだ。地方空港が想定するのは、隣国の空港を拠点にし、そこからさらに海外へ飛ぶハブ&スポークス路線戦略だともいえる。

これまで羽田頼みだった日本の地方空港は、仁川をはじめとした国際線に活路を求めようと方針転換したようにも見える。日本政府が成田空港の呪縛にとらわれているあいだ、韓国の仁川空港が日本のハブとなる、なんて声もあがっている。

果たして、日本の九九空港が生き残る道はあるのか。国交省はようやく、〇八年度の個々の経営状態を明らかにする、と公表した。だが、空港の抱える問題が、すんなりと解決するとは思えない。

第二章　オープンスカイという逆風

自由競争と世界不況で航空業界の再編ブーム到来

百年に一度という世界同時不況に見舞われた二〇〇八年。この年の前半に運輸業界を襲った燃料高騰が、まるで遠い昔の出来事のように思える。ガソリンスタンドでは、一リットル一三〇円のレギュラーガソリンが日を追うごとに値上がりした。この燃油高により、運輸業界は途方に暮れた。ひょっとすると一リットル二〇〇円を突破するのではないか、という声まで聞かれたものだ。なかでも航空各社の悲鳴が響いた。

そこから一転、世界金融危機により、それまでの高騰が嘘のように、原油価格が元に戻っていく。燃油価格が下がれば、飛行機の運航コストが下がる。反面、不況が飛行機の利用者を減らした。むしろ、原油高で企業体力の弱ったところへさらなるショックが襲った格好だ。航空業界にとっては、かつてない重大局面といえる。

世界の航空産業は、目下、一大転機を迎えている。きっかけがオープンスカイの到来である。そんなさなか、日本の航空各社はさらなる大きなうねりに放り込まれたといっても過言ではない。

簡単にいえば、オープンスカイとは、空の自由化である。〇八年になって、世界的にこの動きが加速したといえる。

その象徴が英国の政策転換だ。かつて英国は金融ビッグバンの発祥の地といわれ、外資系企業を次々と自国に招き入れた。金融の世界におけるウィンブルドン現象といわれたのは記憶に新しい。

もっとも航空の世界では自由化先進国といわれる米国に比べ、英国は欧州のなかでも、かなり保守的に見られてきた。それが〇八年になって、一挙に自由化へ転回したのだ。

ウィンブルドン現象と同様、航空の世界でその舞台となったのが、英ヒースロー空港だ。〇八年三月二十七日、ヒースロー空港は、五つ目のターミナルをオープンした。ショッピングモールには、ティファニーやブルガリといった高級ブランド店が軒を連ね、観光客が殺到した。

折しも、第五ターミナルビルのオープンは、EU（欧州連合）と米国とのオープンスカイ協定の施行とときを同じくしている。ターミナルビル拡張は、オープンスカイ政策に踏み出した英国の姿を象徴していると評判になった。従来のオープンスカイ協定よりさらに一歩進んだ革新的な政策だ、と世界の航空業界の話題をさらったのである。

これを機に、世界中で航空各社の再編が加速していった。〇八年四月には、米国三位の規模を誇るデルタ航空と五位のノースウエスト航空が合併を発表。そこから、世界中の大手航空会社の合併観測が、飛びかうようになる。

これらの動きが、オープンスカイによる自由競争の影響なのは間違いないが、そこへ世界不況が再編ブームに拍車をかけている。日本では、ついにＪＡＬとＡＮＡの合併まで囁かれ、合併後の「ＪＡＮＡ」という新社名候補までまことしやかに取り沙汰される始末だ。

つまるところ航空業界が抱えているのは、自由化による競争と不況によるダブルショックだ。これは規制をもとに戻せばいい、という簡単な話ではない。すでに各国の基幹空港は整備が進み、企業再編も止めようがない。ただひたすら一〇〇近い空港をつくってきた日本の航空業界にとっては、まさに暴風雨が襲ってきたようなものだろう。それをしのぐ術《すべ》はあるのだろうか。航空政策を誤れば、日本の空は暗く沈む。

自由化でEUのどこにでも路線開設が可能に

もともと航空業界は、規制に縛られてきた最たる業種といえる。長らく世界中の国際線が二国間交渉の航空協定に基づいていたことが、それを如実に物語っている。航空会社が他国の空港に路線を開くには、自国の政府を通じて相手国に申し入れ、協定を結んだうえでなければ、路線の運航はできない。たとえば日米なら、乗り入れる空港から航空会社、便数などにいたるまで、両国政府の航空当局が細かい取り決めを結ぶ。すべて政府間の思惑で決まり、指定された以外の空港やエアーラインの就航は認められなかった。

オープンスカイといっても、これまでは米蘭、米仏といった具合に、この二国間交渉が基本になってきた。ただし、いったん二国間でオープンスカイ協定が実現すれば、航空会社は相手国の空港に自由に路線を開設できるようになる。そこが違った。

それだけでも画期的な空の自由化なのだが、〇八年の米国とEUとの協定は、そこからさらに一歩進んだ。米国とEUとの協定のため、原則としてEU内のどこにでも、路線開設が可能になったわけである。

いきおいこの米国とEUのオープンスカイを睨み、空港や航空会社が新しいサービスを展開し始めている。英国最大手の航空会社であるブリティッシュ・エアウェイズ（BA）は、新たに「パリ―ニューヨーク」「ブリュッセル―ニューヨーク」便を開設。従来、BAはヒースローからニューヨークに飛んでいただけだが、英国発ではなく、フランスやベルギーから米国向け航空機を飛ばす路線を開設した。これが本格的なオープンスカイ時代の到来といわれる理由だ。

骨抜きの「羽田の国際化」

こうして世界の空が大きく開かれ始めている。そのなかで日本の航空行政は、何をしてきたのか。まずはオープンスカイに対する取り組み方について検証する。

二〇〇六年九月二十九日、安倍晋三政権発足と同時にスタートした「アジア・ゲートウェイ戦略会議」。アジア・ゲートウェイ戦略会議は、東京大学大学院経済学研究科教授の伊藤元重など民間の有識者を加えた一〇人のメンバーで構成された。そのなかで、オープンスカイに対する基本方針が議論されてきた。だが、それは米国とEUのようなレベルの自由化にはほど遠い。

国交省の鈴木久泰前航空局長の言葉を借りるまでもなく、自由化に舵を切れない最大の問題が、羽田空港の国際化である。

羽田空港の国際化については、来《きた》る世界のオープンスカイ時代に備え、早くからその必要性を唱えてきた航空専門家が少なくない。首都圏の国際空港として、すでに飽和状態にある成田に代わり、羽田の国際化を望む声は絶えない。

二〇一〇年、四本目の滑走路であるD滑走路が、新たにオープンする。その空港拡張を睨んだ政策変更に期待が集まったわけだが、結果は予想どおりだった。

国交省と交渉を続けた戦略会議は、〇七年五月、経済財政諮問会議へ答申案を提出する。そこには「アジア・オープンスカイによる戦略的な国際航空ネットワークの構築」と「羽田の国際化、大都市圏国際空港の二四時間化」という謳《うた》い文句が躍った。が、実はそこにほとんど目を引く具体的な中身はない。とりわけ焦点の羽田空港の国際化については、「骨抜き自由化」「タマムシ決着」などと揶揄《やゆ》される始末だ。以下、答申にある羽田の国際化に関する「具体策」を列挙する。

一　深夜早朝の国際チャーター便の積極的推進
二　特定時間帯の国際チャーター便の協議開始
三　昼間発着枠の拡大と国際チャーター便の拡大
四　再拡張時の国際線枠の戦略的・一体的活用
五　供用開始時に国際線三万回就航
六　首都圏空港の容量拡大に向けて、可能な限りの施策を検討

具体策といっておきながら、ほとんど抽象的な内容ばかりだ。「国際線三万回就航」が唯一の具体的な数字である。のちに六万回に増えた国際線の発着枠の提供だ。

当初の国交省は、この三万回以外にも「二十三時〜六時深夜早朝便の国際線枠を増やす」と

してきた。むろんこれで羽田の国際化と呼ぶには、かなりの無理があった。

国交省の掲げる羽田の国際化。そもそも、それは成田空港のキャパシティ不足を補うという意味にすぎない。住民の騒音問題などから、空港そのものの拡張や深夜早朝便の就航が困難な成田は、年間二〇万回の発着枠しかない。

一方、羽田は現在でも三〇万七〇〇〇回の発着枠がある。そのうえ二〇一〇年に四本目のD滑走路が供用されれば、さらに一〇万回の枠が増えるのだ。本来、議論されるべきは、その一〇万回のうち、どのくらいを国際線に振り分けるかという問題だった。

国交省では、まずD滑走路オープン初年の二〇一〇年に五万回の発着枠を増やし、最終的に一〇万回の増枠を計画してきた。その枠のなかで、〇八年四月の段階まで国交省が想定していた国際線への割り当ては、わずか三万回。表向き、残り七万回については状況を見ながら判断するといってきた。むろん、内心は、できる限り国際線への割り当てを減らしたい。それが見え透いていた。

だが、これでは飽和状態の首都圏国際線需要に対応できないのは明らかだった。皮肉にも、国交省が自ら公表している「交通政策審議会第九回航空分科会」（〇七年五月三十一日付）がそれを如実に物語っていたのである。

なぜ羽田は国際化されないのか

くだんの分科会報告によれば、実は二〇一七年の首都圏の国際線発着回数を二八万一〇〇〇回になると予測している。二〇一〇年から増える成田のキャパシティ二二万回、それに国交省が初めに想定した羽田の追加枠である三万回を加えても二五万回にしかならない。三万回も不足する計算なのだ。

国交省としては、羽田はあくまで国内空港であり、その需要がある限り、国際線に発着枠をまわす余裕はないとしてきた。二〇一〇年の再拡張以降にできた増枠分についても、その考え方は変わっていない。

一方、国交省が錦の御旗にしてきたその国内路線の需要はどうか。実は、これもまた国交省自ら矛盾した結論を導き出している。国際路線とは逆に、将来は余ってしまう。間の抜けたことに、国交省のホームページ「首都圏空港における航空需要予測」を見ると、それが歴然としていたのだ。

二〇一二年時点で、羽田の国内線発着需要は三四万一〇〇〇回。二〇一七年でも三七万四〇〇〇回にすぎない。これに対し、第四のD滑走路がオープンし、当初国交省が国内線枠に残そうとした七万回を加えると、羽田の国内発着枠は三七万七〇〇〇回になる。

つまり、二〇一二年の需要予測である三四万一〇〇〇回を引くと、三万六〇〇〇回も発着枠が余る計算だ。そこからさらに五年経た二〇一七年ですら、三〇〇〇回も発着枠に余裕ができる。羽田の国内線枠を増やさなければ、この先の需要に対応できなくなる、といっておきながら、予測はまったく逆なのだ。

自らこんな予測を立てていながら、なぜ一〇万回ある羽田の増枠を国際線に振り向けようとせず、国内線にこだわるのか。矛盾している航空政策の結果が、アジア・ゲートウェイ構想のタマムシ決着、国際化の骨抜きといわれるゆえんなのである。そしてここには、日本の航空行政が抱える旧態依然とした権益構造が見え隠れする。

ペリメータ規制と「定期チャーター便」という妙な呼び名

「羽田空港は国際化する方針がありますが、その一方で二〇〇〇キロルールという規制がある。国交省が作っている。これって大した意味ないと思うんですけど」

〇七年三月十三日、参院予算委員会で民主党の白眞勲が、アジア・ゲートウェイ構想について当時の国交大臣、冬柴鐵三にこう質問した。すると、冬柴は次のように答えている。

「羽田空港は国内拠点空港でございます。国際空港は、関東においては成田空港です。そのすみ分けが必要であります。ただ、今回、四本目のD滑走路が完成すれば一・四倍ほどに発着枠が増えますので、そのうち三万回ほどを国際空港に割り振ってもいいんではないか、と関係者の間で合意されています。（中略）羽田は国内空港という立場から、日本の国内空港で一番遠距離にある石垣空港の二〇〇〇キロ弱（注＝一九四七キロ）を中心に円を描いた範囲のなかに飛ばしてもいいのではないかと」

　奇しくもこのやり取りが、国交省による成田優遇の姿勢を暗示している。形ばかりに国際化を盛り込みながら、羽田はあくまで国内空港、成田は国際空港という発想から抜けきっていないのだ。

〇八年春先、羽田と成田の空港ビル運営会社に対する外資の株主規制で閣内が揉めたことがある。その裏で規制派は、羽田の正式名称である「東京国際空港」を「東京羽田空港」へ変更したらどうか、と提案した。これなど、羽田の国際化を認めない、という国交省や自民党運輸族の意思表示にも受け取れる。

　その羽田国際化を阻む規制の一つが、「ペリメータ規制」と呼ばれる運航距離制限である。国交大臣の冬柴が言うように、羽田から飛べるのは、国内の沖縄県の石垣空港までの一九四七キロメートル以内なのだ。

　あくまで「羽田は国内空港」という建前にこだわっているせいだが、そのせいで羽田発の海外運航は、ソウルや上海、大連などの路線に限られてきた。海外への飛行といっても、石垣空港行と同じ国内運航の範囲内にとどめなければならない、というおかしな論法なのである。

しかも、国交省の妙な理屈は、これだけではない。ペリメータ規制下、羽田―上海虹橋空港線やソウル金浦空港線は人気路線になっており、定期的に飛行機が飛んでいる。たとえば午前中の「羽田発上海虹橋行」なら、ＪＡＬの午前一〇時二五分発、全日空の九時二五分発が毎日ある。

ところが、航空業界では、これらの便を定期便とは呼んでいない。あくまでチャーター便なのである。チャーター便とは、文字どおり、貸し切りの特別便のこと。旅行会社がツアーを組んで客を集めたウェイで便をチャーターするケースなどが一般的だ。

かたや羽田発の国際便はどうかといえば、ふつうにインターネットや窓口でチケット予約・販売されている。事実上の定期便といえる。だが、それでも、チャーター便なのだ。業界ではこの羽田発の便について「定期チャーター便」という摩訶不思議な名称で呼んでいる。なぜこんな妙な呼び名があるかといえば、それは定期便と名付けたら、羽田を国際空港と認めるのと同義にとらえられるからだ。実際、これまで国交省の航空局長通達でこの羽田の国際便を制限してきた。

「利用者の利便性を考えろ」自治体の反乱

国交省ではチャーター便について、〇七年九月三日付通達で、〈運航可能な国際チャーター便の形態等〉として次のように書いている。

搭乗率向上により発着枠の有効活用を図る観点から、各便の座席数の半数未満の範囲内において、地上施設（宿泊施設、運輸機関等）の手配のない旅客運送の販売を航空会社が行うことを認める

人気路線のため、なし崩し的に窓口での一般チケット販売を認めざるを得なかった結果、このような表現になっている。が、これなら素直に国際定期便だと認めたほうがよほどすっきりする。通達では、先のペリメータ規制にも触れ、こうも記されている。

東京国際空港（羽田空港）と、下記一から三までに該当する空港との間における国際チャーター便について、六時台から二二時台までの運航を認める

一　東京国際空港（羽田空港）からの大圏距離が一九四七km以内である空港。
二　成田国際空港との間において国際定期便が就航していない空港。
三　平成一三年国空総第二〇〇一号（注＝通達）に定める……（以下略）

羽田の国際化への制限は、ペリメータ規制だけではない。海外の運航先は、成田空港発の路線のない相手国の空港向けに限られているのだ。たとえば「羽田発上海《シャンハイ》行」なら上海の国際空港である浦東《プドン》空港には着陸できない。ソウルなら新しくできた仁川国際空港ではなく、金浦空港に制限されていた。

利用者の利便性など、はなから念頭にない。要はすべて、「首都圏の国際空港は成田に限り、羽田と競合しないようにする」ための理屈づけだ。そうとしかいいようがない。

結果、アジア・ゲートウェイ構想の先行きはタマムシ色のまま。航空の自由化が遅々として進んでいないのである。

あまりにも頑なな国交省の対応といえる。だが、それもさすがに、新たな流れが生まれてきた。

まず起きたのが、東京と神奈川、羽田空港と直結する自治体の反乱だ。〇七年十二月十一日、東京都知事の石原慎太郎とときの首相・福田康夫の会談において、石原が羽田の国際化を直談判。さらに横浜市が「三万回の増枠では不十分」だとし、滑走路建設費用の融資凍結を表明した。

こんな紆余曲折を経て、国交省は、羽田空港の国際化について、ようやく国際線の発着枠の増枠を三万回から六万回に増やすと決めたのである。

しかし、これで十分かといえば、そうではない。このままでは、急速に自由化が進む世界の空に太刀打ちできないことだけは間違いない。

国際線のJAL、国内線のANA、そして閉じられた東京の空

国交省が香港、マカオと航空路線自由化で合意

二〇〇八年二月四日付の読売新聞朝刊の政治面に、こんな記事が小さく掲載された。わが日本政府の打ち出した自由化政策の一環だという。記事にはこうある。

国土交通省は香港、マカオの航空当局と、羽田、成田両空港を除いて、日本の乗り入れ先や便数を自由化することで合意した

一見、日本と香港、マカオ路線が飛躍的に拡大されるかのような印象を受ける。いかにもオープンスカイ時代に適応すべく発表した航空の自由化政策に見えなくもない。

だが、ここで見落としてはならない点がある。

〈羽田、成田両空港を除く――〉

圧倒的な乗客の輸送需要が見込まれる肝心の首都空港。つまり、東京の空は閉じられたままなのである。これでは、世界の主流となりつつあるオープンスカイとはとても呼べない。

昨今、航空業界でさかんに用いられるオープンスカイ。日本がオープンスカイに踏み切れば世界中の航空会社が日本国内の空港に自由に離着陸でき、乗客の利便性が競われる、というコメントも耳にするが、そう単純なものではない。

オープンスカイ政策を取る――とは、いったい何を意味するのか。まずはそこを踏まえておかなければならない。

皮肉なことに、産業は戦争を機に大きく発展するといわれる。航空の世界も、もとはといえば第二次世界大戦を契機に大きく広がった。戦争で研究された戦闘機や輸送機の技術をどう使うか。つまり余った機体を利用しようとして確立されていった産業である。

それだけに業界の歴史は浅い。第二次世界大戦中、戦後の国際航空の枠組みを決めようと五二カ国が集まった一九四四年十一月の米シカゴ会議が始まりだ。折しも日本では、初めて東京が空襲に見舞われたあとだ。

そのシカゴ会議から二年後の一九四六年、米国を中心とし、連合国各国のあいだで協定が締

航空自由化の様態

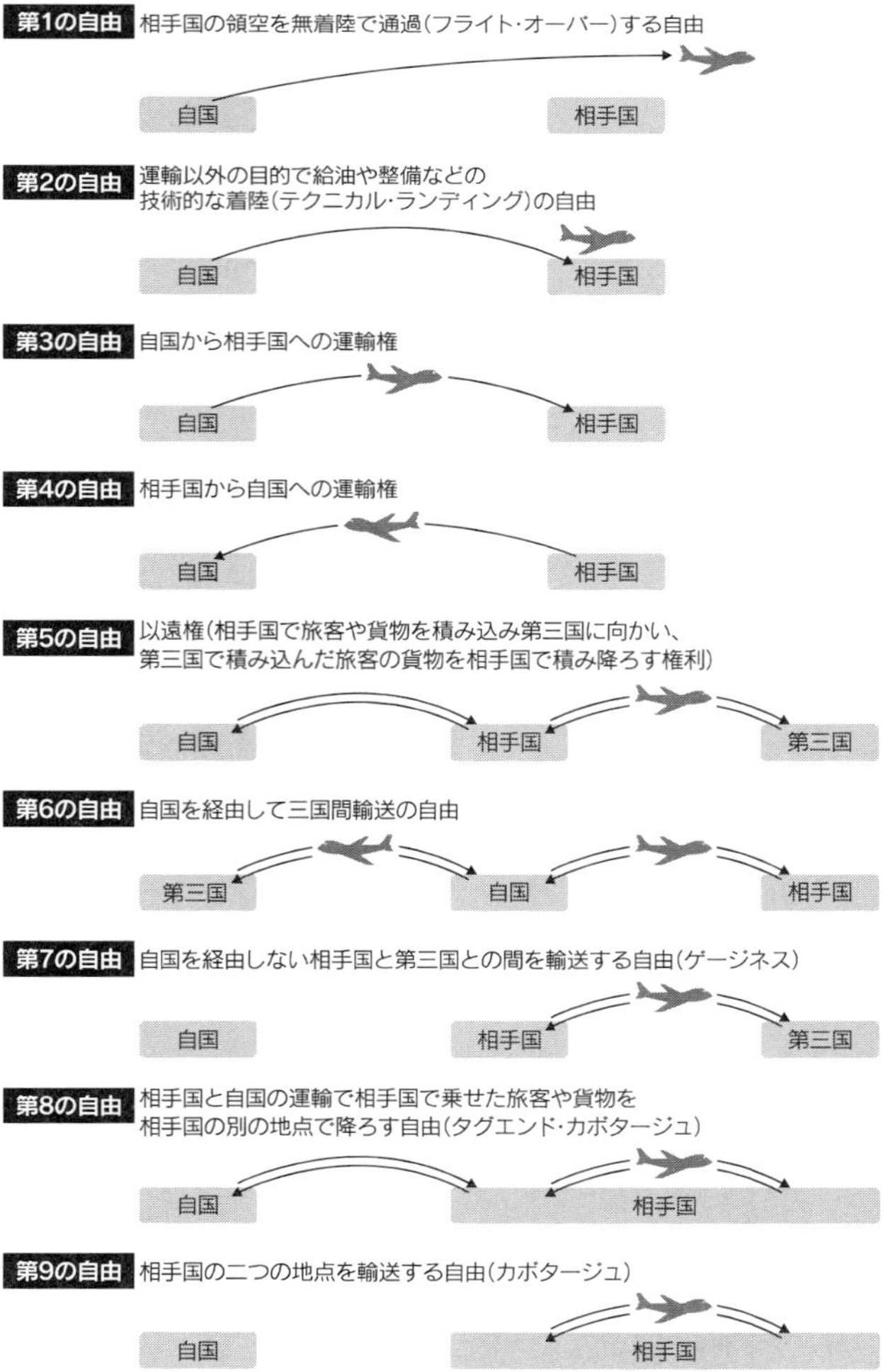
第1の自由
相手国の領空を無着陸で通過(フライト・オーバー)する自由
自国
相手国
第2の自由
運輸以外の目的で給油や整備などの
技術的な着陸(テクニカル・ランディング)の自由
自国
相手国
第3の自由
自国から相手国への運輸権
自国
相手国
第4の自由
相手国から自国への運輸権
自国
相手国
第5の自由
以遠権(相手国で旅客や貨物を積み込み第三国に向かい、
第三国で積み込んだ旅客の貨物を相手国で積み降ろす権利)
自国
相手国
第三国
第6の自由
自国を経由して三国間輸送の自由
第三国
自国
相手国
第7の自由
自国を経由しない相手国と第三国との間を輸送する自由(ゲージネス)
自国
相手国
第三国
第8の自由
相手国と自国の運輸で相手国で乗せた旅客や貨物を
相手国の別の地点で降ろす自由(タグエンド・カボタージュ)
自国
相手国
第9の自由
相手国の二つの地点を輸送する自由(カボタージュ)
自国
相手国

結される。通称「バミューダ協定」は、事実上、米英の協定といえた。そして、このバミューダ協定が長年、世界の航空協定の基本路線となる。それぞれの国同士の二国間の話し合いにより、航空会社が指定され、路線や空港、便数まで決まっていく。二国間協定である。

航空の世界でナショナルフラッグシップキャリアという言葉が根強く残っているが、これも二国間協定に基づいている用語だ。国営の航空会社が、それぞれの自国を代表し、国際路線を独り占めにしてきた。日本でいえば、長らくJALが国際線を独占し、ANAや日本エアシステムなどは、国内路線の運航に限定されてきた。航空業界は最も規制の多い業界ともいわれるが、その理由には、このような歴史的な背景もある。

規制の多い閉鎖的な航空業界における自由のランク付け

世界の航空事情は三〇年以上ものあいだ、バミューダ協定に基づく二国間協定が基本となってきた。たとえば日本と米国、日本と英国の航空当局が話し合いを持ち、路線を決定する。いわゆる国が指定するナショナルフラッグキャリア同士が、指定された国際空港間を飛ぶ。それぞれの航空当局が決めた空港や航空会社以外の国際飛行はいっさい認められなかった。極めて規制の多い閉鎖的な世界だったのである。

戦後、あらゆる産業界が飛躍的な進歩を遂げるなか、航空界の開放は遅々として進まなかった。自由化うんぬんを言い出したのは、最近の十数年だろう。ようやく航空の世界も自由度を増し、それぞれの国がその開放度に応じた政策を取るようになってきた。航空界では、それを段階的に第一の自由から第九の自由までランク付けしている。

といっても、第五の自由までは、自由といっても名ばかりで、がんじがらめの規制の枠内にある。すでにバミューダ協定で認められた規定であり、どこの国も採用してきた。たとえば第三と第四の自由というのは、二国間の往復の自由。米国と日本で指定された空港を行き来できるというだけの話だ。ちなみに第五の自由は、協定を締結した当事国の二国だけでなく、そこから第三国へ乗客や貨物を輸送できる権利を指す。これによりトランジットが可能になった。

米蘭協定が自由化への幕開けとなり、オランダを活性化

そんな世界の空に変化をもたらしたのは、やはり航空先進国の米国だ。一九七八年、ジミー・カーター政権下で、オランダと「オープンマーケット協定」を締結。そこで「競争的な運賃の設定」や「輸送制限の排除」とともに、「複数の航空会社の指定」と「米国のゲートウェイ化」を盛り込んだ。換言すれば、それまでは運賃はもちろん国際線を飛べる航空会社も一国一社に制限されてきたわけだ。そして、この米蘭協定が、空の自由化への幕開けとなる。

たとえば、従来の米国とオランダの二国間協定では、米国のパンアメリカンとオランダのK

LMオランダ航空がナショナルフラッグシップキャリアとして、指定されていた。この二つの航空会社だけが、シカゴやニューヨークとアムステルダムのスキポール空港を行き来しているにすぎない。

しかし、オープンマーケット協定により、状況が一変した。その大きな要因が「複数の航空会社の指定」である。おかげで、米デルタやノースウエストといった航空会社がアムステルダム路線に参入するようになる。

一見これは、多くの航空会社を有する米国だけに有利な協定に思えるが、そうではない。多くの便が参入することにより、航空会社間のサービス競争が生まれていく。オランダの空の拠点であるスキポール空港が活気づいた。その後、スキポールはヨーロッパの玄関口の地位を築いていく。そして、これがオープンスカイへと発展するのである。

ちなみに、成田には滑走路が二本しかないが、スキポール空港には六本もある。

第六の自由化「コードシェア」が三国間輸送を可能に

一九九二年九月、米国とオランダにおいて世界初のオープンスカイ協定が締結された。ここで最も大きかったのは、「運賃の自由化」と「コードシェア」である。

コードシェアとは、文字どおり航空会社が就航している便の番号、コードを分け合うことだ。

これにより、複数の会社で、同じ飛行便を名乗れるようになるのである。仮に日本の成田空港から韓国・仁川空港を経由してタイのスワンナプーム空港へ行くとする。成田から仁川へはアシアナ航空、スワンナプームへはタイ航空の飛行機に乗り換えるが、便名は同じ。大した意味を持たないように思えるかもしれないが、それでも規制に縛られてきた航空業界では画期的な変革とされた。

ちなみにコードシェアは、第六の自由と呼ばれる。同一便による「三国間輸送」を可能にした。これによって、たとえば米ノースウエスト便がオランダのスキポール空港を経由し、KLMオランダ航空の機体でパリのシャルル・ド・ゴール空港へ向かうとする。その場合、乗客はノースウエスト便の一枚のチケットを買い、荷物も預けっ放しのまま、トランジットできる。チケットの運賃設定も自由である。このコードシェアにより、飛躍的に空の利便性が増したといえる。

これまで米国は、一定の企業による独占的な運営になる恐れがあるという観点から、コードシェアを反トラスト法違反としてきた。しかし、オープンスカイ協定を機に方針転換。結果、欧州の各国も次々と米国とオープンスカイ協定を結んだ。

スキポール空港の発展がオランダに経済効果をもたらした

一方、世界で初めて米国とのオープンスカイ協定を結んだオランダは、航空大国となる。アムステルダムのスキポール空港から欧州の他国へ行く便が急増。米国といち早く協定を結んだオランダのスキポールが、欧州全体のハブ空港という地位にのし上がっていったのである。

このスキポール空港の発展がオランダにもたらした経済効果は計り知れない。本来、オランダは資源もなく、人口も少ない。消費国としても魅力はない。その欠点を補うため、貿易立国として栄えてきた。チューリップに代表される生花の輸出国だ。

それだけに運輸・輸送ルートの確立は重要政策課題であり、空港政策の成否は経済振興のカギを握っていたともいえる。世界で最も早く米国とのオープンスカイに踏み切ったのも、空輸を発展させなければならない、という目的意識が明確だったからかもしれない。

そんなオランダの成功が、世界のオープンスカイブームをさらに後押ししたのだろう。九〇年代後半になり、米国のオープンスカイ政策は瞬く間に世界中に広がっていく。

米蘭協定から三年後の九五年三月にはベルギーとフィンランドが米国と協定を結び、翌四月にはデンマーク、ノルウェー、スウェーデン、そして同年六月にはルクセンブルク、オーストリア、アイスランド、スイスが続いた。

欧州各国は、競うようにして米国とのオープンスカイ協定を結んでいった。その自由化の波は大きなうねりとなり、世界中に広がっていった。そうして、各国の航空当局が、自由化政策を検討せざるを得なくなっていったのである。

二〇〇七年六月現在で八九カ国が米国とオープンスカイ協定を締結している。そして目下、オープンスカイは、欧州からさらにアジアへと広がりを見せている。

オープンスカイ政策で東南アジアのハブ空港に

アジアで初めて米国とオープンスカイ協定を結んだのは、シンガポールだった。一九九七年一月のことだ。スキポールと同様、これ以来、チャンギ国際空港が急速に発展していったのはいうまでもない。いまやアジアで最も進んだ航空先進国と呼ばれるシンガポール。チャンギ空港が東南アジアのハブ空港と呼ばれるようになったのは、オープンスカイ政策のおかげだといっても過言ではない。

アジアではシンガポールに次いで、九七年二月に台湾が米国とオープンスカイ協定を結んでいる。そこからオープンスカイ路線が伸びていく。マレーシアとブルネイが同じ九七年六月、翌九八年四月には韓国も続いた。そんな急激に変貌するアジアの空港事情については、稿を改める。

前述してきたように、オープンスカイといっても、始まりは米国との二国間協定である。航空政策の基本は二国間交渉であり、まだまだ航空会社が世界中どこの空港にでも勝手に飛べるわけではない。互いに国の航空政策当局の規制を外し、登録された複数の会社が相手国の空港に伺いを立て、発着枠があればそこに参入するという仕組みである。

だが、これにより空の自由化の流れが一気に進んだのは間違いない。世界各国は対米国だけでなく、欧州とアジア、さらに中南米やアフリカの各国それぞれがオープンスカイ協定を結ぶようになってきた。

航空業界再編と競争の激化

そうして外国の航空会社が定期便を飛ばすようになり、海外路線に新規参入する航空会社も登場した。結果、一国一社で国を代表するナショナルフラッグキャリアという概念が薄れ、航空業界再編が進んだのである。

「日本では、もっぱらJALの加盟しているワンワールドやANAのスターアライアンスといったグループとの提携しか話題になりません。しかし、これは業務提携という生半可な話ではありません。オープンスカイの潮流により、世界の業界再編はもっとシビアになっています。自由競争に拍車がかかっているわけですから」

そう大手航空会社幹部が話す。

「自由化によりかつてのナショナルフラッグだったパンナムをはじめ、米国の会社倒産が相次いだのは有名ですが、それは欧州でも同じ。欧米ではすでに、会社として存続できるかどうかという切羽詰まった問題になっています。そのための企業買収合戦が繰り返されています。いまや欧州全体で独立企業として存続できるのは、独ルフトハンザ、英ブリティッシュ・エアウェイズ、仏エールフランスKLMの三社だけだとされています。あとはそれらの傘下企業としてぶら下がる以外にないでしょう」

世界三位の米デルタ航空と同五位の米ノースウエスト航空の合併発表は、記憶に新しい。善悪は別として、オープンスカイの結果、グローバルな航空会社競争が激化し、急速に再編が進んできた。

そして、米国とEUという画期的なオープンスカイ協定の実施。世界の空はそこまで開放されている。世界同時不況にあってもなお、自由化による競争の激化は避けられない。それが現実なのである。

成田の空は米国に独り占めされている

対して日本はどうか。実際のところ、日本の航空会社や空港の置かれている状況も欧米のそれと変わりはない。周囲には自由競争の強風が吹き荒れている。だが、家の中にじっと閉じこもって耳をふさいでいるので、嵐を感じないだけだ。そのため極めて遅れていると言わざるを得ない。

一九九八年一月、日米の二国間協定により、日米の航空会社間にもコードシェアが認められた。おかげで日本側の指定航空会社であるＪＡＬとＡＮＡは、米国内の空港への乗り入れが自由にできるようになった。事実上、米国内と成田空港との変形オープンスカイのような格好になっているといえる。

しかし、これはさほどの変化とはいえない。米国側はすでに成田空港において、十分すぎるほどの対日本路線を確保しているからだ。その他の地方空港については、関心がないといってもいい。つまり、これ以上、路線を拡張する意味がないといえる。

米国側は二〇万回ある成田空港の発着枠のうち、長年国際線の運航を担ってきたＪＡＬと同程度の発着枠を持っている。

ざっくりいえば、二〇万回の成田の発着枠全体の四分の一ずつのシェアを米国とＪＡＬで分け合っている。成田空港における米国は、相手国のナショナルフラッグキャリアに匹敵する既得権益を持っているのだ。残り半分のシェアをＡＮＡやその他多数の諸外国で分け合っている状況である。

米国は、この有利な権益を使って自国の飛行機を成田へ飛ばしてきた。ターミナルの駐機場にあるのは、アメリカン航空やノースウエストなど米国企業の航空機ばかりだ。

成田空港は、首都圏の国際空港として、就航を希望する海外の航空会社は数多い。しかし、現状でいえば、発着枠を目いっぱい使っているため、世界四〇カ国・地域が枠空きの順番待ちをしている。その原因が米国の権益が大きすぎるためだ、という声は根強い。

逆にあり余る発着枠のおかげで、米国の航空会社は自由に対日路線を開設できてきた。これは換言すれば、日本の玄関口である成田の空の自由を米国に独り占めされているようなものだ。

米国権益の障害と誤魔化しだらけの日本のオープンスカイ政策

空港の発着枠について、それを得る仕組みとして「グランドファーザーズライト」(祖父の権利)という商慣習がある。言葉どおり、すでに路線を確保し、発着実績のある会社が権利を主張できるという意味だ。

従って、米国が持っている発着枠の権益を放棄しない限り、順番待ちの会社は路線参入できない。つまり、成田では、新たに発着枠をひねり出さなければ、これ以上、外国路線を迎え入れられないのである。

しかし、周知のように成田空港はその開発当初から周辺の地元住民の反対が激しく、空港を拡張することができない。そのため、飛躍的な発着枠のアップなどとても望めそうにない。

つまるところ、発着枠がないのに開放しても、他国とのオープンスカイ協定は結べないのである。

国交省は過去、関西国際空港や中部国際空港といった新しい空港を、ポスト成田にする方針を立てた。関空や中部では、国際線の需要がなく、閑古鳥が鳴いているのが現実だ。むしろ今でも発着枠が空いているありさまといえる。

需要のない空港を海外の航空会社に開放しても、就航する路線がない。これではオープンスカイ時代にとても適応できない。そう指摘する航空関係者は多い。

第三章　成田空港の呪縛

日本の頭越しに盛んな米国―アジア路線

陸上のトラック競技に譬《たと》えるなら周回遅れ――。辛辣な航空関係者からは、それが世界における日本のオープンスカイ政策の現実だと酷評される。

目下、アジアでは欧州をはじめとした世界に向けたゲートウェイ戦略を立て、自国の基幹国際空港をアジア全体のハブ空港にしようと、覇権争いが展開されている。しかし、実はそのレースに、日本の空港はエントリーすらされていない。

中国や韓国、シンガポールやタイ、マレーシアなど、目覚ましい発展を遂げるアジア主要各国の空港は、日本を競争相手とは見ていない、という声があがっている始末だ。日本の航空政策は、それほど時代の趨勢《すうせい》に乗り遅れているのだという。

財団法人「運輸政策研究機構」作成の資料をご覧いただきたい。テーマは「日米路線はアジ

米航空会社のアジア路線

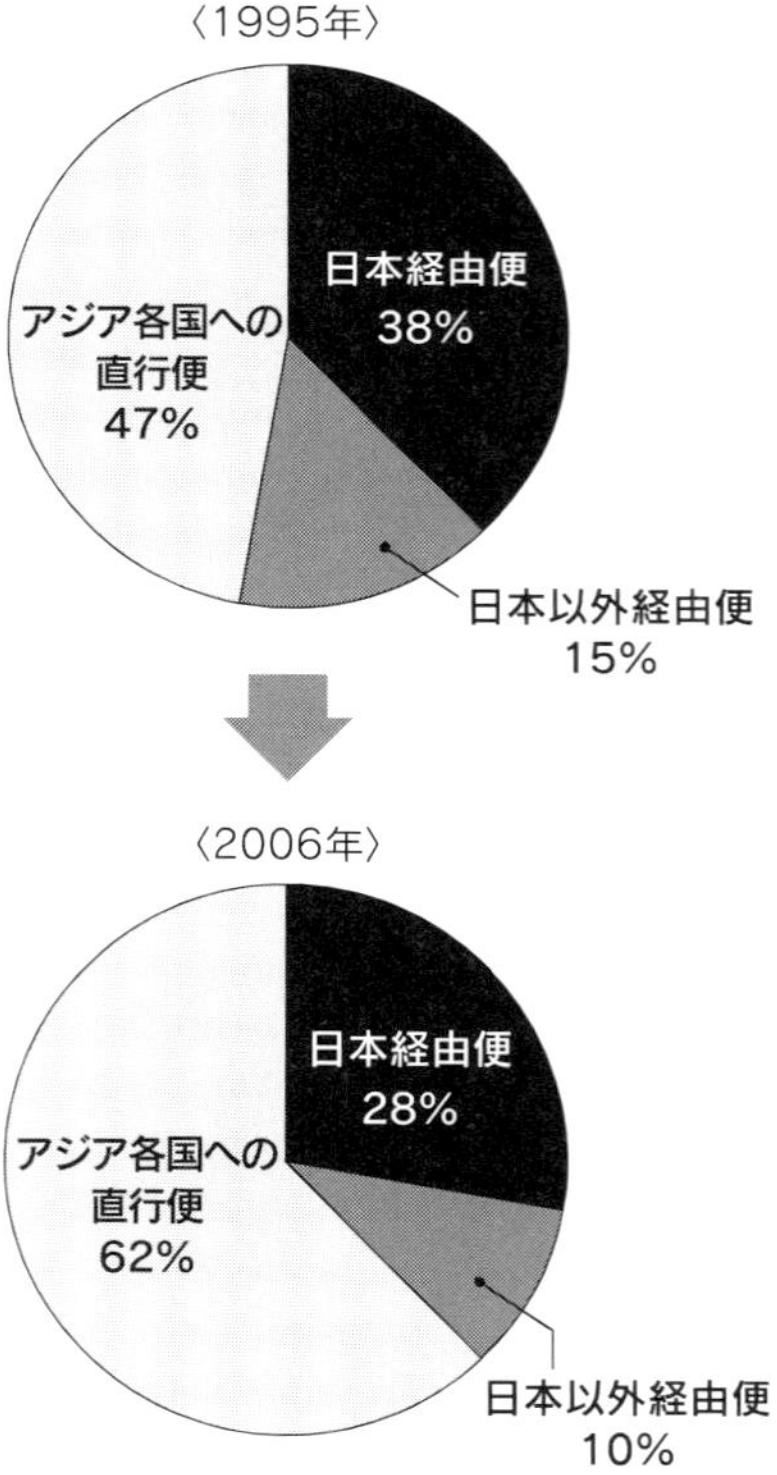

ア・ゲートウェイの役割を果たしているか」。過去、対米国におけるアジアの玄関口として繁栄してきた日本の空港の現状を分析した指標だ。

一九九五年と二〇〇六年の米航空会社によるアジア路線について、「日本経由のトランジット便」と「日本以外の経由便」「アジア各国への直行便」に三分割されている。これによると、一九九五年に三八パーセントを占めていた日本の経由便の比率が、十一年後には二八パーセント、と一〇パーセントも落ち込んでいる。

翻って米国からアジア各国への直行便比率は、四七パーセントから六二パーセントに急増。それだけ日本を飛び越えてアジア各国に向かっている米国の乗客が増えた、ということになる。

この間、日米路線において、新しくオープンした関西国際空港や中部国際空港といった大型空港は、ほとんど利用されていない。大げさでもなく、これが、アジアの極東で、最も米国に近い玄関口にある日本の空港の現実なのである。

いい改めたら、かつて成田空港が独占していた日米路線にとって代わり、他のアジアの空港が台頭してきた証左だ。たとえば二〇〇六年の空港の利用旅客総数で見ると、成田空港の三三八六万人に対し、隣の韓国・仁川国際空港は二八一九万人。二〇〇一年に開港したばかりの仁川空港に、〇八年で開業三〇年の成田が猛追されているのだ。ロサンゼルスやシカゴの空港から、仁川を目指す便が急増しているのは間違いない。

参加者が300人以上の国際コンベンション開催件数

〈2001年〉

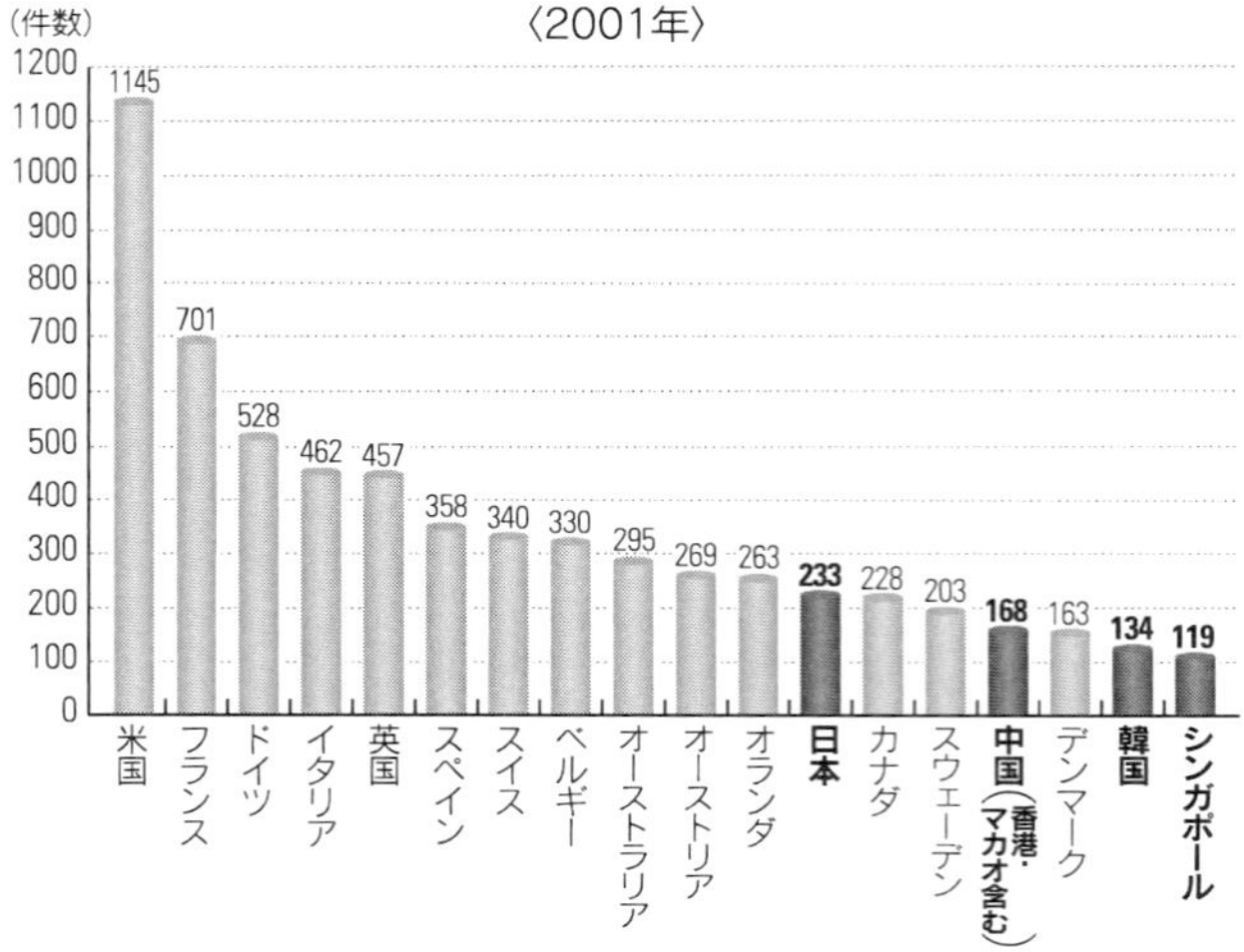
(件数)
1200
1100
1000
900
800
700
600
500
400
300
200
100
0
米国 1145
フランス 701
ドイツ 528
イタリア 462
英国 457
スペイン 358
スイス 340
ベルギー 330
オーストラリア 295
オーストリア 269
オランダ 263
日本 233
カナダ 228
スウェーデン 203
中国(香港・マカオ含む) 168
デンマーク 163
韓国 134
シンガポール 119

〈2005年〉

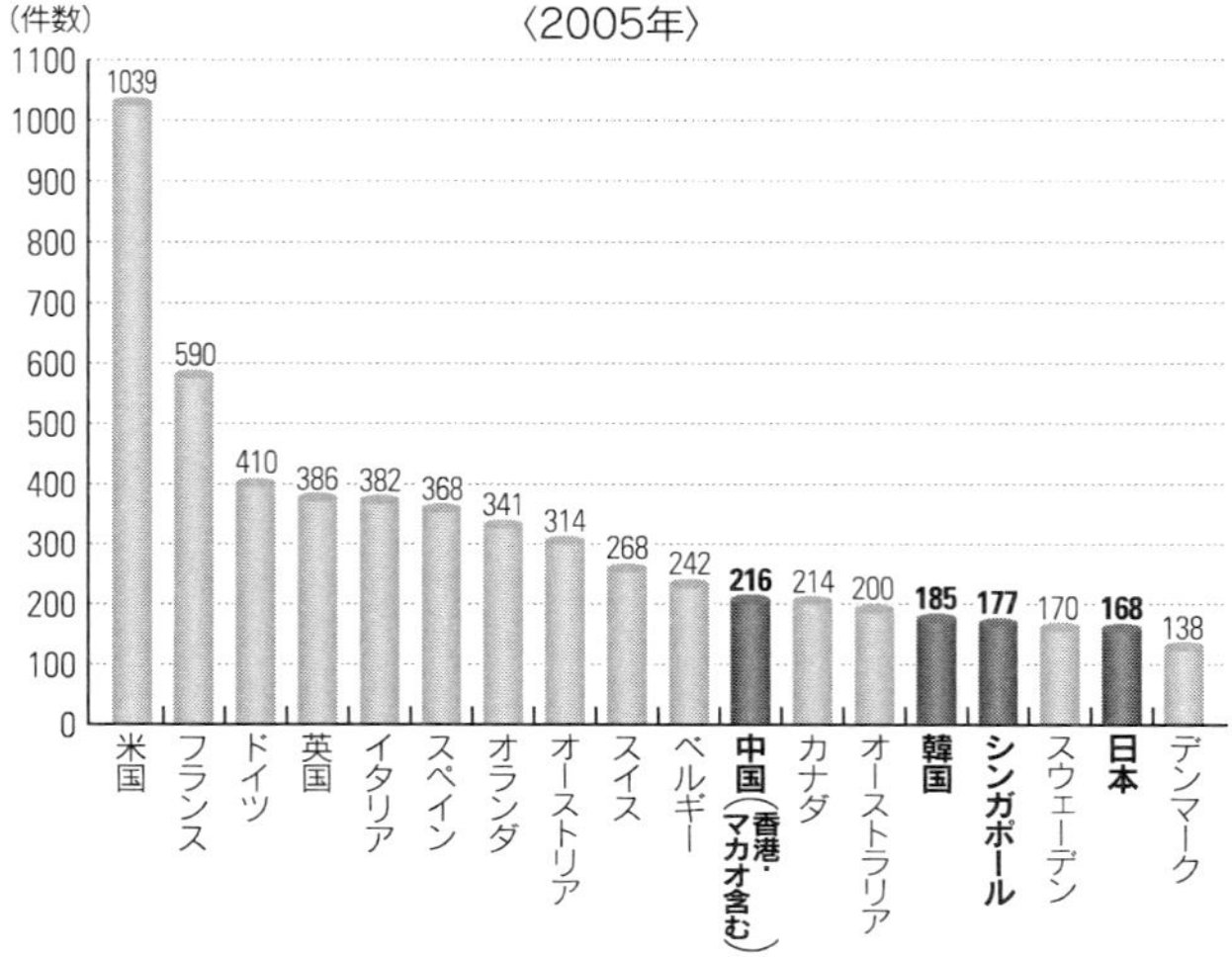
(件数)
1100
1000
900
800
700
600
500
400
300
200
100
0
米国 1039
フランス 590
ドイツ 410
英国 386
イタリア 382
スペイン 368
オランダ 341
オーストリア 314
スイス 268
ベルギー 242
中国(香港・マカオ含む) 216
カナダ 214
オーストラリア 200
韓国 185
シンガポール 177
スウェーデン 170
日本 168
デンマーク 138

そんな空港整備に力を入れてきたのは、韓国だけではない。中国やシンガポール、マレーシアやタイなど、大規模な国際空港建設が進み、オープンスカイ時代の波に乗っている。そして、空港の開放は経済発展を促す。乗客の出入りが多くなれば、それだけ経済が活性化するのは自明だ。

ごく分かりやすい例でいえば、国際会議の開催が増える。国際観光振興機構（JNTO）の二〇〇七年版白書によれば、〇一年に参加者が三〇〇人以上いた国際コンベンションの開催件数は、日本が二三三件で世界一二位だった。国際会議は、歴史的に見て上位を欧米が占めるため、一〇位以下なのは仕方ない。この年のアジア諸国を見ると、中国は一五位で一六八件、韓国は一七位で一三四件にすぎなかった。

ところが、わずかその四年後の〇五年には明らかに状況が変化している。日本が中国や韓国に逆転されているのである。中国は一一位、韓国が一四位に対し、日本は一七位に落ち込んでいる。これが何を意味するのか。

成田の発着処理能力は仁川の半分

むろん空港の拡張と直接の因果関係が証明されているわけではないが、たとえば韓国の仁川空港は、〇一年にオープンしている。少なからず国際会議の変化に影響があったのは想像に難くない。この間、アジア諸国の空港事情は、それほど激変しているのである。

そんなアジアの主要空港の変貌を振り返ってみる。

まず、アジアの主要空港の能力を比較すると、成田空港は現在、四〇〇〇メートルと二一八〇メートルという二本の滑走路により、およそ二〇万回の発着処理能力を持つ。そのうち、一〇年に二本目の滑走路が二五〇〇メートルまで延長され、発着枠は二二万回に増える。

一方、韓国の仁川はすでに三七五〇メートルの滑走路が二本あり、〇一年の空港オープン時点の発着能力が二四万回となっていた。この時点で成田を上回っている。

そこへさらに〇八年、三本目となる四〇〇〇メートルの滑走路が建設された、結果、空港の発着処理能力は飛躍的に上昇。実に四一万回に達している。

この仁川は、空港の敷地総面積が成田の五倍もある。そこで、さらにもう一本四〇〇〇メートルの滑走路を供用する計画を立てている。となると、最終的な発着能力は、世界でもトップクラスの五〇万回を超える。

仁川空港が貨物の輸送実績でついに成田を抜いたのは、航空関係者で知らぬ者はない。

どれだけ長い滑走路を多く持てるか

通常、国際空港に四〇〇〇メートル級の滑走路が必要とされるのは先に書いた。これだけあれば、ボーイング747ジャンボ機のような燃費の悪い機体でも、世界中へ飛べる。この数年、航空機の中型化や小型化が進み、エンジンの燃費効率があがっているため、三〇〇〇メートル滑走路で十分だとの声もあるが、貨物輸送などは別だ。

貨物の場合は、新しい機体を購入し、減価償却していくより、古い大きな機体で運ぶほうがコストパフォーマンスがいい。また、近頃は総二階建ての航空機エアバス社のA380も出現。B747を抜く史上最大の旅客機と話題になった。世界の基幹国際空港には、そのための大きな滑走路やエプロン（駐機場）も必要になっている。

いずれにしろ、国際基幹空港は、どれだけ長い滑走路を多く持てるか、という点が発着能力の指標になる。

この点、騒音問題などで拡張がままならず、面積の狭い成田などは、かなり不利になる。本腰を入れて空港整備に乗り出したアジアの主要空港に成田が劣っている要因は、そんなところにもある。

この数年、アジアの空港は熾烈な拡張競争を極めてきた。五輪ブームに沸いた中国では、三八〇〇メートルと三二〇〇メートルという二本の滑走路を持つ北京《ペキン》首都空港が、〇七年十月に三八〇〇メートルの第三滑走路をオープン。すでに〇六年の発着実績で三七万六六四三回を達成しているが、〇八年の最終実績は、五〇万回近くになるのではないか、と見られている。

中国、シンガポールを追いかけるマレーシア、タイ、台湾

加えて、上海では従来の虹橋空港を国内専用空港に特化し、一九九九年十月に国際線向けの浦東国際空港を開港、フランス人デザイナーによる四〇〇〇メートルと三八〇〇メートルの平行滑走路の斬新な設計が話題を呼んだ。浦東国際空港は、最終的に四〇〇〇メートルの平行滑走路を三本並ばせ、三八〇〇メートルと合わせた四滑走路体制の計画が進行中だ。

浦東空港では、空港と都心部をつなぐドイツ製の「上海リニア」が運転を開始し、空港の発着処理能力は成田をしのぐ三二万回を見込む。中国は、ほかにも広州白雲や香港といった国際空港を抱え、アジアのハブとして一歩先んじているといえる。

おまけにアジアのハブ空港争いは、韓国や中国に限った話ではない。アジアでオープンスカイ政策の先陣を切ったシンガポールは、チャンギ空港を擁する。アジアで初めて米国とオープンスカイ協定を結んだ基幹空港は、四〇〇〇メートルの滑走路を二本持つ。

さらに二〇〇八年、六〇〇〇万人の需要に対応するため、三つ目のターミナルビルを建設した。これにより第一、第二ターミナルと合わせた年間の乗客取り扱い能力は、六六七〇万人に達する。

空港の利用客が、シンガポールの国内人口の実に一五倍を超える。まさしくチャンギ空港は、アジア各国に多くの人やモノを運ぶ空の拠点となっている。

経済効果という点から先の国際コンベンション開催件数を見ると、シンガポールは〇五年に世界一五位にランクイン。これまた日本の一七位を上回っている。

その他、マレーシアのクアラルンプール空港やタイのスワンナプーム空港、台湾の桃園《とうえん》空港など、アジアの空港整備は急ピッチで進んでいる。とりわけ、〇六年九月に開港したタイのスワンナプーム空港の旅客ターミナルビルは、世界一の規模を誇っている。成田の三倍という広大な敷地に一三二メートルという世界一高いガラス張りのランドマークタワーがそびえ立つ。

天下り次官の時代錯誤の発言

「日本にハブ空港はいらない――」

驚くべきことに、元運輸事務次官の黒野匡彦は、かつてこう発言したことがある。運輸省（現国土交通省）、経済産業省所管の社団法人「日本プロジェクト産業協議会（JAPIC）」傘下の首都圏新空港研究会において、二〇〇〇年に次のように述べている。

「私は、前から、アジアのハブ空港を日本につくるということは必要ありませんし、そのことはすべきではない、と言っております。ハブ空港に対する理解がたいへん混乱しており、これまた無責任な評論家の方々の責任かと思います」（同年九月付ニュースレターより抜粋）

黒野は運輸次官から成田空港の社長に天下った空港問題のエキスパートだ。しかし、時代の流れをまったく感じていないのか、それとも、感覚がずれているといえばいいのだろうか。日本は国家戦略的なハブ空港をつくるべきではないとまで主張するのである。

「改めて申し上げるまでもなく、たくさんの人間をまとめてドーンと運んで大きな空港に持ってくる。そこの空港で乗り換えてフィーダーを輸送するという輸送形式を、アメリカの航空企業がまず採用して、ハブ・アンド・スポークという言葉をいわれたのです。（中略）空港の利用方式であります。したがって、つくる段階から、これはハブ空港ですよということは、計画経済ならともかく、自由主義社会においてはあり得ないわけです」（同ニュースレターより）

ハブ・アンド・スポークとは文字どおり、一つの基幹空港を拠点とし、そこから自転車のスポークのように路線が伸びる空港ネットワークを指す。たとえばニューヨークからの飛行機の乗客が、成田空港に降り、そこから中国の北京や上海、あるいは韓国のソウル、タイのバンコクへ向かう。その中心となるのがハブ空港だ。

そうして、ハブ空港には多くの人やモノが集まる。ハブ空港が、運輸・流通分野のみならず、大きな経済効果をもたらすのは自明である。ところが、黒野は、「出来上がった空港がハブとして利用されるのは構わないが、あらかじめ計画的にハブ・アンド・スポークの形態を想定した空港づくりは駄目だ」というのだ。

政界を巻き込んだ成田空港社長交代劇

空港の建設は、事前に路線の需要予測を立て、それに基づいたプロジェクトを進める。需要がなければ、数千億円という莫大な費用を投じて国際空港を建設する意味がない。ハブ空港を目指す空港の建設プロジェクトも、同じだ。

これはなにも計画経済や社会主義国における事業ではなく、ビジネス戦略上、至極当たり前の話である。アジア各国もそうしたハブ空港の必要性を感じているからこそ、これほど大規模なプロジェクトを推進してきたに違いない。ハブ空港化は、アジアのゲートウェイとなる目的と同義といってもいい。

むろん運輸省や成田空港のトップとして長年、航空行政の舵を取ってきた黒野が、そんな初歩的な理屈を理解していないはずはない。実際、先の首都圏新空港研究会で、黒野はこう話している。

「アジアの場合、輸送の効率化のほかにもう一つ、航空機の航続距離の問題があります。アジアからアメリカの、特に東海岸に行く際に、成田とか関空、中部、さらには韓国のソウルとか北京がたいへん恵まれたポジションにあり、現在の航空機でノンストップで何ら制約なしに行けるわけですが、同じアジア地区でも緯度の低いところになると直行便が難しく、場合によってはいまの航空機では行けないのです。どうしても停まらなければいけない。そのときは日本に一度飛んで、日本のお客さんを積んでいったほうが商売として成り立つわけですから日本に降りる、ということがおこなわれております」

つまり、ハブ空港機能における日本の好立地条件を認めているのだ。それでもなお、日本にはハブ空港が必要ないというのだから、不可解極まりない。この話のなかに、羽田の利用が登場しないのも、いかにも不自然である。

現実問題として黒野は、ゲートウェイ戦略を放棄してもいいと言っているに等しい。なぜ、そこまで消極的なのだろうか。

こうした黒野発言には、さすがに政府内でも問題視する動きがあった。とりわけ、アジア・ゲートウェイ戦略を打ち出した安倍政権時代の官邸サイドは、国交省の姿勢や黒野発言を無視できなかったに違いない。

二〇〇七年六月には、首相官邸から、成田空港のトップだった黒野の社長続投にストップがかかる。黒野発言を後押ししていた国交省と官邸の間で、水面下の攻防が繰り返されたあげく、この元実力次官が成田空港社長の座から降りる羽目になった。政界を巻き込んだ成田の社長交代劇は、記憶に新しいところだろう。

二〇〇八年五月二十日、・国土交通大臣だった冬柴鐵三は、経済財政諮問会議の「首都圏空港における国際航空機能拡充プラン」を明らかにした。焦点は、二〇一〇年の第四滑走路オープンに伴って増える羽田空港の発着枠をどうするか。国交省の羽田国際化に対する消極的な姿勢が問われてきただけに、航空関係者は、同プランの内容に注目してきたわけだ。

ここで、冬柴大臣は、当初計画していた三万回の国際線への割り当て枠を六万回に増やす方針を盛り込んだ。

これらが実現すれば、多少は羽田の国際化が進展するに違いない。が、思い切った方針とはとてもいえない。相変わらず、小出し改定であり、なにより当の航空会社にとっては、世辞にも、うまみのある政策とはいえないのである。

まず、国際線に振り向けるという六万回の羽田の増枠分のうち、上積みした三万回の離発着は、成田が使えない時間帯に限られている。周知のように成田空港は、周辺住民の騒音問題により、午後十一時から午前六時まで閉鎖される。その深夜早朝の時間帯に限り、羽田を国際線として使おうとしている。それが、上積みされた三万回の意味だ。実は、最も利用客の多い昼間の時間帯に割り当てる枠は、従来の三万回のままなのである。

また、今回のプランで国交省は、繁忙時間帯である昼間の三万回の使い道のうち、欧米への定期便にも門戸を開き、路線を就航できるようにするという。と同時に、ソウルや上海など、アジアの近隣諸国へ飛んできたチャーター便のあり方を見直す、とも発表している。羽田空港の国際便については、これまでチャーター便しか認めてこなかったが、そのチャーター便が飛んでいる時間帯の一部に、欧米向けの定期便を飛ばすというものだ。

その時間帯が、午前六時から午前七時までと午後十時から午後十一時まで。極めて特定の時間帯に限った話である。これが何を意味するのか。よく見ると、今までと大した違いはない。

従来、こうした特定時間帯の発着について、国交省は午前六時台の到着便と午後十時台の出発便を認めてきた。換言すれば、離着陸のどちらかしか認められなかったのだ。これに対し、これからは離着陸ともに許可するという。その程度の方針転換にすぎないのである。

そもそも、これまで到着と出発のいずれかしか認めないとしてきた措置そのものが異常ではなかったか。今回の方針は、ようやく普通の状況になったまでのことだ。いわば小出しの改定プランの根底には、「国際・成田、国内・羽田」の大原則は崩さない、という国交省の姿勢がある。

利用者が利便性を実感できる自由化を進めるべきではないか

これには、当の経済財政諮問会議のメンバーたちも閉口したに違いない。会議の出席メンバーのうち異論を唱えたのは、東京大学大学院経済学研究科教授の伊藤隆敏や伊藤忠商事会長の丹羽宇一郎、キヤノン会長の御手洗冨士夫、国際基督教大学教養学部教授の八代尚宏といった民間議員たちだ。

「昼間の発着枠をできる限り国際線に振り向けるべきだ。国内外の利用者が利便性を実感できる自由化を進める必要がある」

そうくぎを刺す一幕があった。

そもそも航空会社の要請による羽田の国際化は、二〇〇一年二月、深夜早朝のハワイのホノルルやサイパン行きチャーター便から始まった。深夜早朝でなく、昼間の時間帯にチャーター便が就航したのは〇三年十一月。羽田・ソウル金浦便の運航が始まってからだ。

しかし、昼間のチャーター便が解禁になったといっても、そこには制限があった。就航できる路線距離は、羽田から国内最長距離にあたる石垣空港までの一九四七キロ以内。ここにもペリメータ規制が適用され、それ以上は飛べなかった。

しかも路線の位置づけは、定期的に発着するダイヤでも、不定期に就航するチャーター便扱い。そのため航空券の販売にも、制約があった。旅行会社が、目的地の宿泊をセット販売する。そうしたパックツアーが基本である。原則として、個人がインターネットを使って航空会社から直接、チケットを購入することはできなかった。

そんな数々の制約を何とか解消しようとスタートしたのが、〇六年に組織されたアジア・ゲートウェイ戦略会議である。同会議が翌〇七年五月に示した「アジア・ゲートウェイ構想」では、二〇一〇年の新滑走路完成を待たなくてもできる国際化の推進を求めている。たとえば発着枠に余裕のある午前六時から午前八時半、午後八時半から午後一一時のいわゆる特定時間帯の活用もその一つだ。戦略会議が強調したのは、スピード感を持った取り組みである。

アジア・ゲートウェイ構想に基づき、〇七年九月には、一日四便の羽田—上海・虹橋路線が運航を開始。〇八年四月には、ANAが羽田—香港線の運航を始めた。初めて昼間にペリメータ規制を超えた距離を飛んだ、と航空関係者の間で注目された出来事だ。

さらに国交省は〇七年、これまで同じ曜日の運航が連続三週までに制限されてきたチャーター便の運航回数規制を撤廃。定期便と競合しない路線であれば、何回でも飛べることになった。また、早朝深夜のチャーター便について、全座席の半分までを航空会社が個人客に直接販売することを認めた。

前進といえば、前進には違いない。だが、いかにも細かい。欧米の変化に比べれば、かなり見劣りするのである。

これらの改革をどう見るか。当のアジア・ゲートウェイ構想で、そのとりまとめ役として中核を担ってきた東京大学大学院経済学研究科の伊藤元重教授と、同じくアジア・ゲートウェイ構想を推進してきたメンバーの一人である早稲田大学政治経済学術院の深川由起子教授に意見を聞いてみた。

空の自由化は日本経済全体の活性化につながる

「アジア・ゲートウェイ構想の意義は、これまでの内向きだった国の政策から、転換していくことでした。アジアを中心とする世界との関係を意識した政策に改めていく。それが狙いでした。バブル崩壊、そして一九九〇年代末の金融不安によって、日本の政策は内向きになってしまった。それは小泉内閣ができて改革志向になっても、最重要課題は旧・日本道路公団や郵貯の民営化といった国内問題が中心でした。外向きの改革といえば、ＦＴＡ（自由貿易協定）ぐらいで、それも優先度がそれほど上にはありませんでした」

伊藤教授はそう言う。

「アジア・ゲートウェイ戦略会議は、小泉内閣の後半になって、ようやく生まれてきた海外の動きを見据えた改革の気運を継続する意味があったのです。そうして昨年（〇七年）五月に構想を発表した。構想のなかでは、航空自由化に伴う政策転換を最初に掲げているので、この分野に注目が集まっていますが、それだけではありません。航空分野以外にも、人材交流や農業、教育、文化発信、港湾などさまざまな分野での改革を提言しています。重要なのは世界の流れから切り離された発想から変えること。世界に対して門戸を開くことで改革していく、という発想に切り替えることです。航空政策でいえば、これまでのように国交省が航空村という閉じられた場で考えているままで果たしていいのか、という問題意識から改革を打ち出しました」

アジア・ゲートウェイ構想は、世界で進むオープンスカイの流れのなかで打ち出した基本中の基本。発想の転換や考え方を唱えているにすぎないという。羽田の国際化についても、日本が現時点でできる現実的な改革プランにとどめている。

換言すれば、スタートラインに立とうとしたにすぎないのである。ところが、安倍政権そのものの体たらくによる政権交代劇もあって、現実には構想で強調したスピード感のある取り組みとは、ほど遠くなってしまっている。

「国交省も、自由化を進めますという姿勢は見せていますが、実際には進んでいない。この状況を変えるには、航空村の論理で終わらせないことが大切です。空の自由化は、金融と同様、日本経済全体の活性化、国際競争力の向上という視点から重要な問題であるということです。少子高齢化の進展など閉塞感が漂う日本経済を改革していく一つが、空の自由化なのです」

伊藤教授が続ける。

「何か改革というと、まずそのための財源がないと難しいように考えがちですが、そうではありません。たとえば小渕内閣でおこなった不動産の証券化解禁。あるいは小泉政権でNTT以外の通信事業者がブロードバンドサービスをできるようにしたが、財源は必要ありませんでした。単純に、規制緩和によってビジネスの拡大が生まれただけです。航空ビジネスについても同様です。制度を変えるだけで航空産業はもちろん、地域の活性化などさまざまな波及効果が見込める。オープンスカイを地方空港でおこない、そこに海外からの航空会社が参入して、競争が生まれれば、新しい需要を喚起できるかもしれない。サプライサイドの改革で、それなりの効果が見込めるのです」

路線を開放しても発着枠を持て余してしまう地方空港の現実

およそ一〇〇カ所ある地方空港の国内路線の利用客が頭打ちなのは、誰もが認めるところだろう。そのため、新たに国際路線を就航させる。伊藤教授は、国交省が進める地方空港限定のオープンスカイには、一定の理解を示している。そこに海外のローコストキャリアを誘致する発想そのものも悪くはないと言う。

だが、現実には地方空港のオープンスカイだけでは、自由化の波にはついていけない。目下、日本の自由化政策といえば、地方空港と韓国との路線開設が主流である。国交省は、香港やタイなどから日本の地方空港への乗り入れに合意したとPRしている。が、実のところ、それは関空や中部、福岡など一部に限られている。路線を開放し、自由化しても、発着枠を持て余してしまう地方空港の現実は、繰り返すまでもない。そこについて、伊藤教授に尋ねてみた。

「やはり地方空港の収益環境は、今後さらに厳しくなります。たとえば青森から北海道まで新幹線がつながれば、東京から四時間半で札幌まで行けます。まして他の地方空港となると、新幹線との競合はますます激しくなる。北陸などは、金沢まで二時間半程度で行けるようになります。航空機は鉄道と比べると二酸化炭素の排出量が多いという問題もあり、その経営は苦しくならざるを得なくなっていくのではないでしょうか。こうしたことを考えると、やはり空港が国内だけで生きていける時代ではなくなっていく」

ただし、いくら地方のオープンスカイ政策を掲げても、世界からは相手にされない。そこについては、今のところ明確な答えは見いだせないようだ。

「地方空港に限らず、関空などでも海外の航空会社を積極的に取り込まなければ、収益が成り立たなくなっています。それには広い視野で、強い日本を作るために何をしなくてはならないのかを見なくてはいけない。農業と同じように輸入制限だけで、航空は守れないということです」

いかにも手詰まり感のある日本の航空行政。続いて、同じくアジア・ゲートウェイ構想メンバーだった早稲田大学政治経済学術院の深川由起子教授に聞く。

「日本と他の国では、コペルニクス的世界観の違いがあります。オープンスカイの流れが起きた要因の一つには、人間の移動がかつて考えられないほどの規模になったことがあげられます。

とりわけアジアでは、二十数億人の人口を抱える中国とインドの経済発展という要素が大きい。また一方で、インターネットの発展により、情報の伝達速度が飛躍的にあがってきた」

深川教授はそう言う。

「ビジネスにおいては、インターネットでできることの限界がある。やはりインターフェイスの必要があるため、人やモノを大量に、しかも素早く運ぶ手段である航空が発展し、それがオープンスカイという流れを生んだのです。分かりやすくいえば、金融界で起きたマーケットの変化が、航空の世界で起きていると考えればいい。しかし、日本の航空政策はかつての日本の金融行政と同じくオールドモデルのまま。それに気づいていないのです」

「成田の失敗を認識せよ」

もともと航空は典型的な規制業種だった。それがここへ来て、飛躍的に自由化されてきたといえる。日本はその急激な変化についていけないのだと言う。

「日本では、依然として、二国間の航空協定がある以上最終的には行政に委ねる以外にない、国の関与が国際競争力を高める、という従来の考え方しかしない。かたや、世界は協定そのものをオープンにしようとしている。自由な競争が国際競争力を高めるという発想の違いがあるのです」

深川教授は、かなり手厳しい。

「いまや飛行機は、バスや地下鉄のような手軽な乗り物になりました。格安航空会社が生まれたのは、こうした環境の変化がもたらしたものです。この変化に日本は無縁ではいられません。これだけ経済がグローバル化してくると、世界で起きている競争の激化が、マーケットの圧力として日本に向かってくる。しかし、相も変わらず日本は世界第二の経済大国だから大丈夫だと考えている。日本の航空ビジネスはすでに国際競争力を失いかけているのに、そうではないと国交省は考えている。こうした世界観の違いが問題なのです」

簡単にいえば、マーケットニーズに対応できるよう、それぞれの航空当局が政策転換してきた結果が、世界のオープンスカイの流れなのだという。しかし、これまで見てきたように、日本では成田、羽田、地方空港、さらに関空などの問題が複雑に絡み合い、政策転換どころか、その対応があまりにも鈍い。国交省が国内路線の需要を理由に、肝心の羽田の国際化を進めようとしないのも、その一例だが、では、日本がオープンスカイを進めていくにはどうすればいいのだろうか。

「われわれも現段階で、いますぐに羽田をどうこうしろとは言っていない。すぐには国際空港として自由化できないから格納庫の場所を移動しろとか、夜間を有効活用しようと言ってきた。一便でも二便でも、羽田が国際路線に使えたらいいという話です。しかし、その初歩の段階で

世界の空港の国際貨物取扱量の状況(2006年)

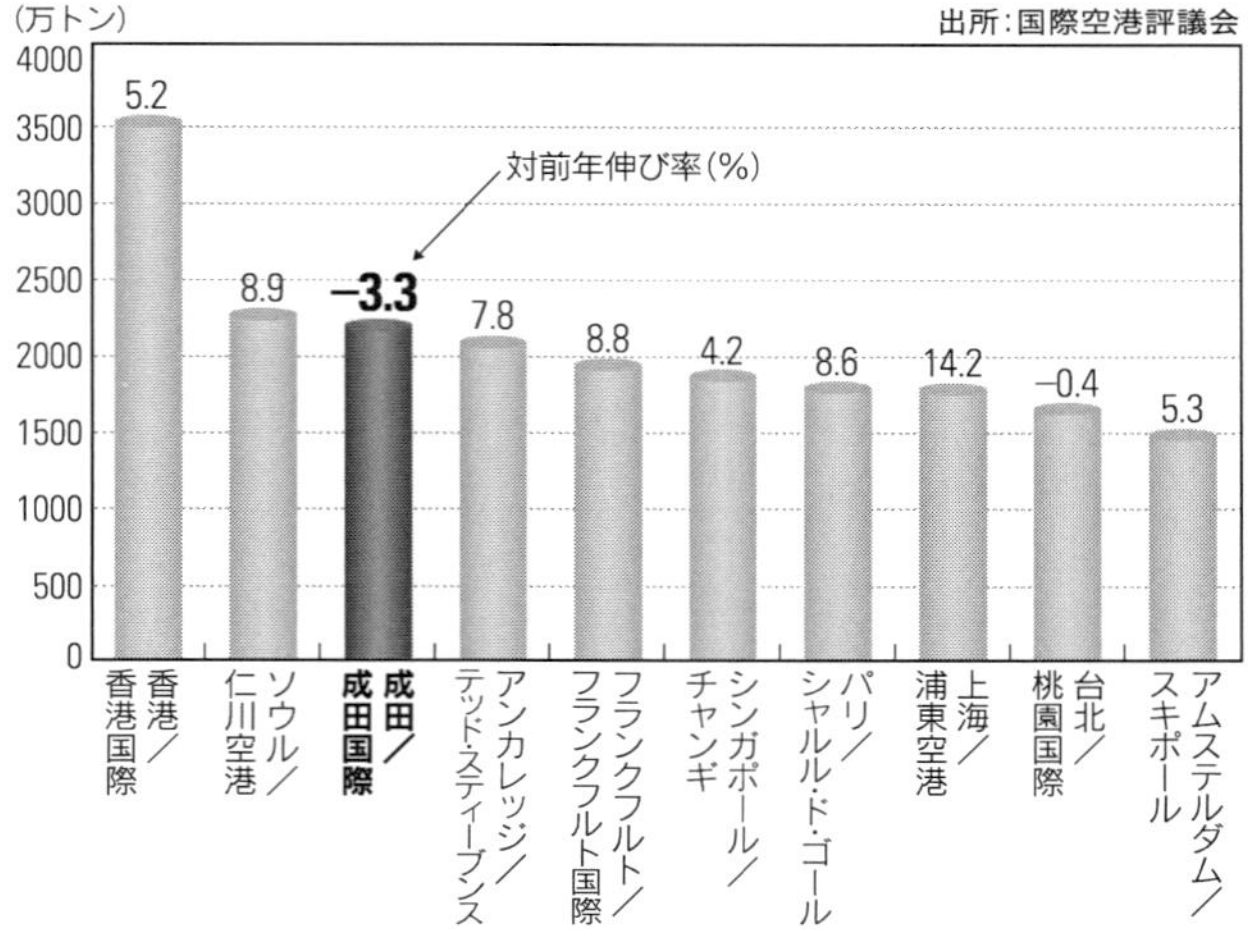

止まっている。ああやっぱり日本は何もしていない、と見られているでしょう。二〇一〇年には韓国と中国がオープンスカイ協定を結ぶといわれていますけど、それでも日本は、中国との二国間協定でやっていくのでしょう。その間、韓国に利用客を取られてしまいます。国交省は、仁川空港に客を取られそうだという危機感から、成田空港もターミナルのなかに高級ブランド店を集めた五番街をつくっています。しかし、本当の対策は、成田の失敗を認識し、失敗を取り返すという原点に立つこと。そこから始めなければいけません」

形だけの民営化に勝算はあるか

成田国際空港の開港は一九七八年五月にさかのぼる。米国の影響を強く受けてきた背景には、戦後体制を引きずっている面が否めない。

元来、日本の空港は米軍に接収された戦後の占領時代を経て、一九五六年の空港整備法の成立後、建設されてきた。日本の空港は設置・管理者により区分けされていると先に書いたが、もとはといえば、国際路線に必要な空港を第一種、国内の主要空港を第二種、主たる運航を地方路線とする空港を第三種として、分けてきた経緯がある。つまり、羽田や伊丹は国際空港としてスタートしたのだ。のちに成田ができてから羽田は国内空港となったのである。

成田の完成後、ロサンゼルスからの到着便が空港に登場。米国から遠路太平洋を越えてやってきたジャンボジェットが成田国際空港路線の第一号となり、国民の拍手喝采を浴びた。以来、米国東海岸までジャンボ機が飛べる四〇〇〇メートル滑走路を擁した本格的な空港として、羽田に代わり、日本はむろんアジアの玄関口として国際路線を一手に引き受けてきた。

そんな成田空港が、グローバル化への迅速な対応に迫られているのは間違いない。

これまで見てきたように、かつてアジアの玄関口の地位をほしいままにしてきた往年の存在感は色褪せ、成田空港はシンガポールのチャンギ空港やソウルの仁川空港から猛烈な追い上げを食らっている。長年、世界一だった貨物の扱い量が香港国際空港に抜かれ、二〇〇六年以降、仁川空港に次いで三位に陥落したのは知られたところだろう。

羽田の国際化待望論は、そうした世界情勢の変化から巻き起こってきた。二〇一〇年の羽田再拡張で増える一〇万回の発着枠について、国土交通省が当初発表された三万回から、六万回に増やす方針に転換したのは、自由化の流れに抗しきれなかったと見て間違いない。国内の地方空港が、キャパシティ不足の成田をあてにせず、韓国や中国、台湾と直接路線を結ぶようになったのも、こうした時代の流れに沿った動きだ。

初の民間商社出身の成田空港社長

折しも、〇八年六月に開港三〇周年を迎えたばかりの成田国際空港は、日本の基幹国際空港として、重大な岐路に立たされているといえる。この先、その輝きを取り戻すことができるのか、森中小三郎社長に聞いた。

「(住友商事時代の)四〇年、私ほど世界の旅をしている人はそういないと思います。世界中の空港も見てきました。しかし、実際の空港づくりとなると、一朝一夕に身につくものではありません」

一九四二年八月生まれ。森中社長は、運輸次官から天下った前任の黒野匡彦に代わり、住友商事という民間商社から初めて成田空港のトップに就いた人物として、期待されている。六五年に住友商事入社後、九二年同社船舶プラント本部電力プロジェクト部長、九三年同社取締役、二〇〇三年同社取締役兼副社長執行役員にのぼりつめた。

住友商事時代には、アジアや中東の電力プラント事業を手がけ、一九九七年のアジア通貨危機に直面しながら、インドネシア最大規模の発電所を建設した実績を持つ。アジア・ゲートウェイ構想議論の最中の〇七年六月、成田空港の社長に就任した。以来、民間人社長として成田空港の舵を取っている。森中社長はこう話す。

「基本的に空港運営は国の関わりが深い。滑走路、エプロン（駐機場）、誘導路などはNAA（成田空港）で所有していますけど、経営の自由度が小さいのは確かです。公共性があり、制約も多い。海外に向けて独自の路線営業ができる関西国際空港や中部国際空港と違い、成田空港は最初から二国間の航空交渉で決まっている事柄も多い。そのなかで、首都圏のメトロポリタン空港としてどう展開していけるのか、それを模索しています」

成田の経営トップは、空港建設の閣議決定から公団時代を含めた四〇年、旧運輸省をはじめとした官僚天下りの指定席だったが、当時の安倍晋三首相率いる官邸の意向により、社長に招《しよう》聘《へい》されたといわれる。民間出身の経営者だけに、その期待は大きい。昨今、航空業界で囁かれてきた成田空港の地盤沈下について、どうとらえているか。まずそこから尋ねた。

「国際線について、羽田だ、成田だ、なんて言い争っている暇があったら、成田は独自に二本の滑走路をうまく使って、運営していけばいい。確かに成田は二十四時間化が難しい内陸空港なので、一部、羽田が離着陸を国際線に使うのは仕方ないことだと思います。たとえば神奈川や静岡の人が、羽田を使って近くの国へ日帰りでビジネスに行く。そういう需要はあるでしょう。成田と羽田でそのあたりを分け合っていく、というのが重要ではないでしょうか」

森中社長はそう言う。

「むろん国交省も好んで羽田を国際線に使いたかったわけではないでしょう。羽田の国際化は、国交省がスタンスを変えたというのではなく、市場やその他の周りの圧力に押されて、やむを得ない部分があったと思います。増えた発着枠分の一〇万回のうち、六万回くらい国際線で飛ぶようにならないと需要に追いついていかない。その程度は飛ばなければ日本全体の活力にもつながらないでしょうからね」

グローバル化に対する日本の空港戦略という見地に立った場合、成田は四〇カ国の航空会社が就航の順番待ち。一方、関空や中部国際空港などでは発着枠が余っている。それだけ首都圏空港に対する海外の需要が大きいということだが、その圧力により、国交省がやむなく羽田の国際化へ少しだけ舵を切らざるを得なかったのである。

何かと制約の多い成田空港はアジアの空港に対抗できるか

日本の空港戦略を考えるなら、羽田や成田という首都圏だけでなく、関空や中部まで加えたオールジャパン体制で臨むべきだという考え方もある。その点についてはどうか。

「それは首都圏の利用客を、関空や中部に取り込もうという発想でしょう。しかし、まずはそれぞれの空港が、自分のところのマーケットを不動のものに確立させるべきではないでしょうか。西日本には三〇〇〇万人、四〇〇〇万人の利用客のマーケットがあるわけです。いまは関空と中部で西日本経済圏の利用を取り合っている状況ともいえますが、それぞれの空港が自分たちのマーケットを押さえるべきでしょう」

と森中社長。

「関空と羽田を結んで首都圏の乗客を関空から国際線に乗せればいい、という考え方もある。しかし、中国向けのビジネス客が羽田から関空経由で香港や上海に向かうのでは、いかにもスピード感がない。羽田を使うことにより、国内路線への影響も出る。それより、空港が独自に海外路線を掘り起こすことのほうが大事ではないでしょうか。いまある現実を是として考え、対策を練っていくことが必要ではないでしょうか」

だが実際、日本の基幹国際空港である成田が二〇万回程度の発着処理能力では、心もとない。なにより、アジアの空港が急速に大型化している昨今、何かと制約の多い成田空港は世界の潮流に乗り遅れる、という危機感はないのだろうか。発着枠については、二〇一〇年に二二万回に増えるというが、この程度ではインパクトがない。

はなから勝負になってない成田

「発着枠に関しては、機能上は年に三〇万回まで増やせる計算になっています。二万回増えたあと、状況を見ながら段階的に増やしていくつもりです。二二万回では少ないと判断すれば、次は二五万回、三〇万回と増やすことができますが、それは状況を見ながらだと考えています」

森中社長はあくまで慎重だ。そしてこう続ける。

「しかし、実はそれほど急激に発着枠を増やす必要はないのです。国際線について、首都圏の利用マーケットは四四〇〇万人といわれています（成田の利用者は年に三四〇〇万人）。そこで、羽田と成田を合わせ、首都圏空港としてとらえた場合、羽田の六万回を加えたら、国際線の発着枠はそれだけで二八万回に達します。その他、チャーター便を含めると三〇万回くらいにはなるのではないでしょうか。この先のマーケットの成長を計算に入れ、当面はこれで十分カバーできると思います。日本全体の国際線発着能力としてとらえた場合、関空や中部の二〇万回を加えると五〇万回。五〇万回あれば、十年や十五年は日本全体の国際線マーケットをカバーできるのではないでしょうか」

果たしてそう言い切れるだろうか。

成田とほぼ同じ敷地面積のロンドン・ヒースロー空港は、成田のおよそ二倍の六七〇〇万人が利用し、一つの空港で五〇万回近い四八万回の年間発着枠を持つ。単一空港で、分散されたオールニッポンの国際線発着能力と同程度のキャパシティを持っているといえる。

ちなみに英国内のヒースロー周辺の空港を含めるそれは、一〇〇万回といわれる。航空先進国並みになれとはいわないが、これではなから勝負にならないのではないだろうか。

そして、さらなる問題は、自由化のなか、急激に拡大すると予測される航空マーケット需要にどう対応できるかだろう。

目下、成田空港はあまりにも需給バランスが悪い。四〇カ国のウエイティング状況を詳しく見ると、現在の定期便乗り入れ航空会社は、三九カ国二地域七三社。これに対し、就航を希望している航空協定締結申し入れ国は、四〇カ国プラス一地域もある。すでに乗り入れている国と就航希望の国がほぼ同数なのだ。単純計算できないが、この程度の発着枠増では、とてもこれからの需要に応えられないのではないか。

本来成田空港には、十七時間の限定利用でも三〇万回の離着陸処理能力があるというが、やはりそうした発着能力アップも含め、単一空港としての改善策をもっと検討すべきではないだろうか。

公共性を口実に行政の画一的な経営に任せたままでいいのか

すぐそばには、急激に空港をグレードアップさせ、成田からアジアのゲートウェイの地位を奪おうとしている空港が、ゴロゴロしているのだ。現状の対策のままで、ソウルの仁川や上海の浦東といったスケール追求型の新興国際空港に太刀打ちできるのだろうか。

「もちろん首都圏の国際線発着枠を、さらに増やしたいという希望はあります。一定の容量は必要です。しかし、空港はスケールだけで成り立っているわけではありません。確かにシンガポールのチャンギ空港や香港国際空港は優れた空港といえますが、正直にいって、それ以外のアジアの他の空港にはそれほど脅威を感じません」

ことアジアのゲートウェイ空港競争について、森中社長は一転、強気になる。

「歴史にこだわるわけではありませんが、成田には蓄積されたノウハウがあり、安全できめ細かいサービスができます。手荷物の紛失率を低く抑えたり、紛失したときの対応などは、そう簡単にひっくり返すことはできないでしょう。この際、成田を国内空港にしてしまえばいい、なんて乱暴なことを言う人がいます。が、空港経営はそんな単純ではない。成田は、仁川や浦東にはない、ウォームハートを感じさせる空港です」

森中社長は空港運営を社会インフラの整備という観点でとらえていると言い、たとえばひところ話題になった空港の外資規制も必要だと主張する。

「空港は電力と同じ国家安全に関わる施設です。空港はベーシックな社会インフラといえます。

従って、地域や国家の安全面にも配慮が必要なのであり、仮に完全民営化し株式を上場しても、一定の公共性を保つことが必要でしょう。外資規制については、個別の航空法で縛るというより、社会インフラに関わる事業として、立法すべきではないでしょうか。最悪でも、外為法を用いて規制すべきです」

〇四年四月、新東京国際空港から名称変更し、民営化した成田国際空港は、株式上場を目指している。そこについても聞いてみた。森中社長は次のように語る。

「総資産が九八〇〇億円ほどあり、そこから負債の六千数百億円を差し引くと、純資産は三千数百億円程度でしょう。上場すれば四〇〇〇億円から五〇〇〇億円が政府に入るのでしょう。関空の債務圧縮に使われるという見方もありますが、それをどう使うかについては、あまり興味ありません。それより、一定の公共性の中で、どう経営の自由度を高めていくか。昨今の航空機のダウンサイジングにより、騒音問題も解消されている部分もあるが、まず地域住民ときっちりと話し合い、理解を得なければなりません。そうした兼ね合いの中で、空港をさらに発展させるため、自由度を持って経営していくことが大切だと考えています。自然体で強くしていく発想が必要なのではないでしょうか」

現実問題として、成田空港には歴史的経緯から地域対策を施さなくてはならない事情があったのは理解できる。空港という社会インフラとしての公共性も無視できない。

しかし、その公共性を口実にし、国交省が細かい箸の上げ下ろしにまで経営に口を出し、旧運輸省の天下り先にもなってきた。その結果、行政の画一的な経営対策のせいで、世界に後れを取ってきた事実は否めないのではないだろうか。

実際は内外の航空各社の絶大な人気を支えに、地盤沈下を防ごうとしているにすぎないのではないか。ヒースロー並みの五〇万回とはいえないまでも、実は成田空港にはもっと潜在的な発着能力がある。

民間企業出身の森中社長に求められるのは、役所の呪縛から解き放たれたこれまでにはない自由な経営である。

二〇〇七年九月末現在で三三一四億円——。過去、二十九年間に費やされた成田国際空港周辺の環境対策金である。〇八年五月二十日、開港三〇周年を迎えたアジア初の大規模空港は、国民の夢を乗せた晴れやかな舞台とは裏腹に、住民対策という難題に追われた歴史を持つ。長いあいだ過激派や市民運動のシンボリックな存在でもあった。空港を維持していくため、新たな空港建設に匹敵する三〇〇〇億円以上の巨額資金が、近隣住宅や学校などの騒音対策に投じられている。

いまや二十四時間の発着が当たり前の世界の基幹空港に対し、成田の利用時間は六時から二十三時までの十七時間に限定されている。おまけに用地買収の難しさから、思うように滑走路を拡張できなかった。そうした点が空港運営に影を落としてきた面は否めない。

成田空港は、航空需要に応えられないキャパシティ不足が伝えられて久しい。同じ二〇一〇年の再拡張により四〇万回の発着枠に達する羽田に対し、成田は二二万回にしかならないと酷評されてきた。世界四〇カ国が就航を希望している成田空港最大の課題が、需要と供給のアンバランスだ。

果たして、成田と羽田、首都圏空港におけるキャパシティ問題の解決策はあるのか。また、本当に成田ではどうしようもないのか。三〇歳を超えたばかりの成田空港の可能性を改めて考えてみる必要がある。

米国権益が大きすぎる成田空港の裏事情

日本の空の玄関口と位置づけられる成田国際空港。実際、その機能は世界基準には遠くおよばない。オープンから二十年以上もの間、稼働していたA滑走路一本のみで、首都圏の国際線航空需要者を賄ってきた。発着回数にすると、わずか一年に一三万回しか離着陸できない空港だったのである。

発着枠そのものは、のちにB滑走路が供用され二〇万回近くに増えた。それでも、世界の主要空港と比べると、あまりにも貧弱だ。

成田20万回の発着枠の内訳

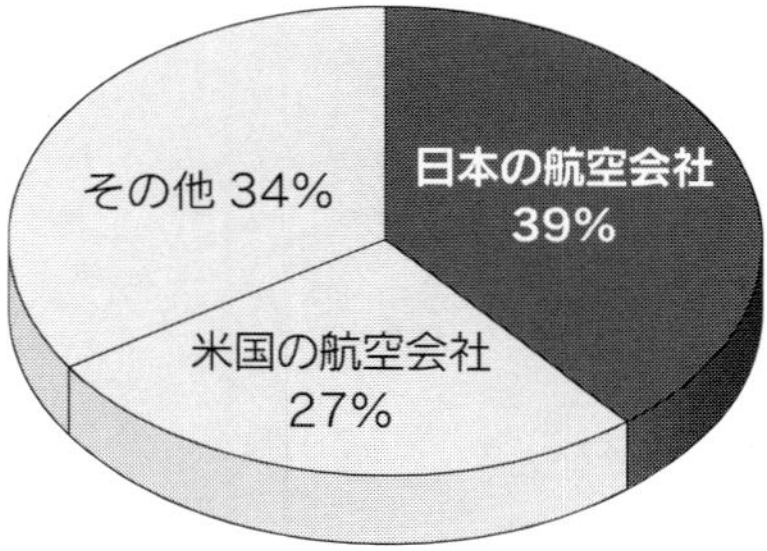

たとえば先に紹介した国際線旅客数世界一のロンドン・ヒースロー空港の発着は、年間五〇万回近い。利用客は成田のほぼ二倍の六七〇〇万人で、うち国内線を除いた国際線の利用客だけで六一三五万人もいる。

ところが、実は空港の規模という点だけから見ると、この二つの基幹国際空港は、さほど変わりがないのだ。滑走路六本体制のオランダのスキポールに対し、世界に冠たるヒースローも、滑走路の本数は成田と同じ二本しかない。

B滑走路が二一八〇メートルしかない成田に比べ、ヒースローの滑走路は一本目が三八九一メートルで二本目が三六五八メートル（成田エアポートトレポート07より）あるとはいえ、敷地面積も成田とほとんど変わらない。それでいて、発着回数がこれだけ違うのは、二十四時間空港と夜間制限のある十七時間空港という利用時間から生じる部分もある。だが、それだけでもない。

しかし、実は成田空港は、工夫次第で発着回能力を飛躍的にアップできるという。インタビューで森中社長自身が話したように、そもそも成田空港そのものの試算でさえ、三〇万回の発着枠を確保できるという結果を出している。

「成田空港の問題には、米国の権益が大きすぎるという側面があります」

成田の問題点について国交省の鈴木久泰航空局長（当時）は、インタビューの際、こう話した。あまり知られていないが、世界の主要空港と成田空港との違いの一つに、自国の権益が小さいという点がある。

世界の主要空港では、国内と海外の航空会社に振り分ける発着枠は半々、あるいは自国の方が大きい。が、成田では、海外より日本の航空会社の枠が小さいのである。具体的にいえば、成田二〇万回の発着枠の内訳は、日本三九パーセント、米国二七パーセント、その他三四パーセントとなっている。日本の四割弱に対して海外が六割も枠を持っているのだ。

参考までに、ニューヨークのジョン・F・ケネディ空港の場合、米国内と国外エアーラインの利用枠は五対五。英ヒースローは英国四八パーセント、米国六パーセント、その他四六パーセントだ。ドイツのフランクフルトや韓国のソウルにいたっては、自国の航空会社が六割の発着枠を確保している。

昨今のオープンスカイの流れもあり、この比率は間違いなく変化してくるに違いない。ただし現時点の各国の国際基幹空港については、まだまだ自国の航空会社を優遇し、権益を守っているといえる。

成田は米国航空会社に席巻されている

かたや国際化に後れを取っている、と批判される成田空港は、国内航空会社の発着枠比率が四割にも満たない。開放が足りないと非難される一方で、海外の航空会社の路線のほうが、自国のそれより発着枠を持っているという不思議な現象に陥っているのだ。

前述したように、成田でとりわけ権益の大きいのが米国である。発着枠全体の六割を占める海外の発着枠のうち、米国のエアーラインがその半分の三割近い発着枠を持っている。成田のエプロンが、デルタやアメリカン航空、ユナイテッドといった米系のエアーラインだらけなのは、そのせいである。

成田が米国企業に席巻されている理由について、ある国交省の関係者は次のように解説する。

「もともと日本の国際路線は、終戦当時の占領体制下の米国支配を引きずってきた羽田空港から成田空港に移った経緯があります。成田で米国のエアーラインの発着枠が異常に多いのは、そういう歴史的な背景があり、米国に有利な権益が今も続いているのです。しかし、成田はそのために肝心の日本の航空会社でさえ、枠が足りないという現実に直面している。他の国に発着枠を回す余裕がないのも当然です。これも、四〇カ国が成田の就航を希望しながら、なかなか空港を開放できない要因の一つといえるでしょう」

日米の航空交渉の結果、米国の要請により、一九九八年、路線や便数を自由に増やせる「インカンバントキャリア」による成田への乗り入れ自由化が実施された。これ以降表向きは、日本側のJAL、ANA、日本貨物航空（NCA）の三社と米国の航空会社六社が、互いに成田の発着枠を自由に使えることになった。が、現実には、発着枠が常に不足しているため、日本の航空会社が路線や便数を増やそうにも増やせない。米側が自ら権益を手放すはずもなく、米国に牛耳られている実態はほとんど変わらないのである。

もっともある意味、航空自由化やアジアハブ空港競争が、こうした成田の発着枠の陣取り合戦に、変化をもたらしている面もある。最近になって、米国の航空会社が成田への直行便を減らし、中国や韓国の直行便にシフトし始めた。たとえば〇七年の米中航空協定では、二〇一二年までに米国と中国の直行便を倍増する、と両国が合意。おかげで、成田の米航空会社の持っている枠が余り始めている。皮肉にも、日本の航空会社が、その余った米国の発着枠を回してもらって使っているのである。

B滑走路の延長により、目下の焦点になっている成田の二万回増枠については、日本と海外の航空会社にそれぞれ一万回ずつの発着枠が与えられる見込みだ。が、これではいかにも少ない。国内の航空会社はその一万回を旅客のJAL、ANA、NCAの三社で分け合うことになる。

これを単純計算すると、JAL、ANAの二社は、それぞれ四〇〇〇回の増枠にとどまる。一日にすると、わずか一〇回の発着、五便しか増えない計算だ。

これが発着認可の申請待ちをする海外航空会社への門戸の開放となると、もはや論外だ。全体で二万回しか増えないのだから、他にまわす余裕などあるはずがないのである。

やはり、もっと抜本的に国際線の発着枠を増やさなければ、首都圏空港の開放はあり得ない。羽田の国際化待望論が生まれるのは、そのあたりからもきているのだ。

ところが、実をいえば、成田は世界標準並みの四〇万回飛べる能力を備えているのである。

創意やスキーム次第で成田の使い勝手は向上する

理屈は至極単純だ。飛行機の離着陸間隔を計算してみると、すぐに答えが出る。機体の離着陸は、基本的に大型機でおよそ二分、小型機で一分の間隔を空けなければならないとされる。計算上では、成田のAB二本の滑走路は、ともに一時間当たり三二回の発着能力があるのだ。

これを従来どおり六時から二十三時までの利用という十七時間の制限に当てはめてみる。すると、それぞれ一日五四四回の離発着が可能となる。単純計算で、年間三九万七一二〇回。つまり四〇万回近い離発着ができる計算になるのである。

現実には成田の発着は、A滑走路で一日に三七〇回、B滑走路は一七六回という制約がある。年間にすると、ざっとAが一三万五〇〇〇回、Bで六万五〇〇〇回となり、合計二〇万回となっているにすぎない。

しかし、裏を返せば、離着陸の時間帯制限を守っていてなお、四〇万回飛べる能力があることになる。それでありながら、発着能力の半分に自制しているわけだ。

自制の理由は、夜間の発着禁止と同様、近隣への騒音対策だという。だが、そもそも夜間に空港を使用できないのは、飛行機の音がうるさいからだ。だから昼間に飛行機を飛ばすことになっているのだが、昼間にもその制約があるとすれば、二重に制約を課せられていることになりはしないか。

さらにこれを時間帯に応じて細かく検証してみる。たとえばA滑走路の午後三時台と四時台、六時台の一時間の発着は三二回目いっぱい使っている。が、午後九時台の一時間はわずか二二回、十時台は二四回に抑えている。しかもB滑走路にいたっては、すべて一時間一四回の離着陸に制約されている。

それにしても、なぜそこまで制約されなければならないのか。その理由が判然としないのだ。仮に近隣対策上の問題だとしても、もっと使えないものだろうか、と考えたくなる。なにより、われわれ利用者はこうした実態をまるで知らされないまま、発着能力がないとだけ伝えられている。これはおかしいのではないだろうか。国交省の関係者が指摘する。

「そもそも夜間制限をしているのだから、抜本的な騒音対策をすれば、昼間の四〇万回は十分可能だ。現に、成田空港の内部でも発着回数の増枠を検討しています。たとえば二本の滑走路の同時離発着により、三〇万回を確保できると試算されています」

ＡＢの滑走路は平行に走っているため、同時離着陸することにより、飛躍的に発着処理能力があがるという。これを実行すると、安全対策として、離陸後二機体の飛行線が一五度以上開かなければならないという決まりがあるため、その飛行線に合わせた騒音対策も新たに必要になる。だが言葉を換えたら、新たな騒音対策さえすれば、いまでも三〇万回の発着枠を確保できるのだ。

制約の多い成田空港といえど、創意やスキーム次第で、まだまだ使える部分があるといえるのである。

滑走路の使い方に潜む大きな無駄

また細かいようだが、二本の滑走路の使い方にも問題が残る。成田では、ＡＢの二つの滑走路を別々にみなし、航空会社の権益を振り分けている。これが世界の主要空港と成田空港との違いだ。通常の国際空港では、ＡＢ二本の滑走路があった場合、航空会社がどちらでも使えるようにトータルの発着枠を与えている。管制がその都度、どちらの滑走路から離着陸するか指示するわけだ。そのほうが効率がいいからなのは、いうまでもない。

だが、成田のA滑走路では、総発着枠の一三万五〇〇〇回について、JALに二七パーセント、米ノースウエスト航空に一三パーセント、ANAに一三パーセントと振り分けている。B滑走路の六万五〇〇〇回についてはJALが一七パーセント、ノースウエストが四パーセント、ANAが一八パーセント、といった具合だ。

結果、航空会社は、それぞれ決められた滑走路の発着枠内でしか、飛行機を飛ばせない。

ここに大きな無駄が生じているのである。仮に短いB滑走路では、ボーイング777以上の大型機が離着陸できない。そのため、大型機の欧米向け長距離便は、四〇〇〇メートルのA滑走路に頼らざるを得ない。反面、小型・中型機なら、B滑走路でも十分対応できる。

ところが、初めから使う滑走路が決められているため、A滑走路で中小型機を飛ばしているケースが週に五九一便もある。年間にすると、三万近い中小型機の近距離便がA滑走路を利用しているのだ。結果、本来なら欧米向けに飛べる大型機の長距離路線の枠が減っていることになる。

現在、成田には欧州路線の就航需要が大きい、とされる。仮にA滑走路の三万便をB滑走路に移せば、その分、発着枠に余裕ができる。滑走路をシェアするだけで、人気の欧州路線が新たに就航可能になるのだ。

なぜこんな単純な計算ができないのか。その理由が分からない。あえて理由を探せば、すでにA滑走路に大きな権益を持っている航空会社にとって、新たなライバル路線が増える結果になりかねない。だから非効率なまま、空港運営にクレームをつけないのかもしれない。が、成田の効率化という点を考えれば、やはり検討すべき課題ではないだろうか。

世界の自由化競争に取り残されているとさんざんに言われる成田空港。騒音問題を含めた地元近隣対策をはじめ、運営次第でまだまだ使える部分があるのは間違いない。しかし、現状では、それすらやっていないとしか思えないのである。

成田を日本の国際基幹空港として現状のまま使おうとすれば、せめてこれぐらいの創意工夫が必要だろう。成田空港は三〇〇〇億円以上の近隣対策費を投じてなお、世界の競争に乗り遅れているのだから。

もっとも、これが関空となると、さらに苦しい。

第四章 泥沼の関空経営

巨額建設費で借金漬けの関空

二十四時間眠らない空港へ――。

二〇〇七年八月二日、関西国際空港（関空）の第二滑走路がオープンしたとき、同空港のパンフレットには、そんなスローガンが躍った。

この日、三五〇〇メートルのA滑走路に続く二本目のB滑走路が供用された。開港以来苦戦が伝えられてきた関空にとって、B滑走路の開通は、起死回生の一手と期待されてきたといえる。だが、そんな国交省や空港の思惑とは裏腹に、運航する航空各社の見方は冷ややかだ。

「もともと関空は、成田空港の補完的な国際空港としてスタートしています。成田が騒音問題で深夜離着陸できないので、海の上に空港を浮かべ、二十四時間利用できる本格的なアジアのハブ空港にしようとしたのです」

大手航空会社の幹部がそう解説する。

「ただし、滑走路が一本しかないと、メンテナンスする間、閉鎖しないといけない。だから、二十四時間空港を開けておくには、どうしても二本目が必要だった。その二本目がようやくオープンにこぎつけたのです」

それだけに期待は大きかったわけだ。

「だが反面、この間、関空の需要はさっぱり伸びていません。そのため、実際のところは第二滑走路なんて、もう必要ないのではないか、という声まであがっていたほどです」（同・大手航空会社幹部）

水深二〇メートルに浮かぶ海上空港。もとはといえば、そこに要する投資が、あまりにも巨額過ぎた。一本目の滑走路を整備した第一期工事だけで、事業費は一兆五〇〇〇億円にのぼる。当初から予定されていた第二滑走路建設工事も、総事業費はほぼ同額になりそうだった。そこで第二期工事は、旅客ターミナルや貨物の積み降ろしをおこなうエプロンの建設を先送りして投資額を削っている。が、それでも投資額は九〇〇〇億円に迫る。

そんな巨額建設費のせいで、関空は、まさに借金漬けになっている。国が出資する民間の株式会社形態をとっているため、他の空港とは違い、その財務内容が公表されているので、借金漬けの経営状態が一目瞭然だ。

関空の貸借対照表を見ると、約二兆円の使用総資本のうち、六割を占める有利子負債額が実に一兆一二〇〇億円にのぼる。借入金全体で見たら、これに無利子負債が二四〇〇億円加わり、一兆三六〇〇億円だ。

一方、借入金返済の原資となる営業キャッシュフローは、四三〇億円。借入金をこれ以上増やさず、投資もかさまなければ、およそ四十年後には完済できる計算になっている。が、現実的にはとても無理だろう。

こうした財務構造でも、関空を運営する関西国際空港の村山敦社長は「格付けはAaa（編集部注：ムーディーズ・インベスターズ・サービス）」と胸をはる。

しかし、高格付けなのは、国が出資する特殊会社だからだ。政府保証のない普通の民間企業ならば、こうした高格付けは、まず考えにくい。

発着能力の半分も使っていない

大阪や神戸、京都など都市部からのアクセスが悪い。巨額建設費が着陸料など空港利用料を高額にし、航空会社の就航意欲を削ぐ。オープン当初からそんな問題を抱えてきた関空。ようやく滑走路二本体制が確立したばかりだ。が、その前途はかなり厳しい。

第二滑走路がオープンした〇七年夏季、関空は、国際線就航便数が一週七八二便と過去最高の利用頻度に達した。その内訳を見ると、五九〇便がアジア向けの路線便であり、さらにそのうち中国便が三〇五便とその大半を占める。ところが、本来、三五〇〇メートル級の滑走路があれば世界中どこへでも飛べる空港のはずである。実情はアジア向けの便ばかりなのだ。

日本の欧米路線は、相変わらず成田が主流になっている。それは、航空各社が関空を使った欧米路線を敬遠しているからにほかならない。

「九四年のオープン当初は、日本の航空会社もワシントンやローマ、シドニーなどへたくさん航空機を飛ばしていました。ですが、関空発の利用者は、ファーストクラスやビジネスクラスの客がほとんどない。航空会社にとっては採算に合わない。だから欧米路線についていまは、JALもANAもつき合い程度にしか飛ばしていないのです」（前出の大手航空会社幹部）

こうした辛辣な見方も的外れではない。それは、関空の離着陸実績から見ると分かりやすい。

第一滑走路の年間発着能力は一六万回ある。にもかかわらず、〇六年度実績は一一万六〇〇〇回。それだけしか使っていない。羽田は国際枠を年三万回から六万回に増やす程度であれほど揉めてきた。それに比べ、関空は放っておいても、年間四万四〇〇〇回の空きがあるのだ。

関空は第二滑走路がオープンした〇七年度の実績は、第一滑走路と合わせたトータルで一二万九〇〇〇回に達した。ピークだった二〇〇〇年の一二万四〇〇〇回をなんとか超えたが、それもかなり苦労している。

関空の経営難を批判されてきた政府は、第二滑走路をオープンする条件を空港の経営陣に突き付けた。国交省と財務省は、〇七年度に一三万回（関空は一二万九〇〇〇回と解釈）の発着達成を絶対条件として、オープンを認めたのである。しかも第二滑走路は夏にオープンしたため、一年通して二本の滑走路を使える〇八年度には、一三万五〇〇〇回のハードルを課していたが、それも達成していない。

しかし、本来、第一と第二という二本の滑走路を合わせた関空の発着能力は、三〇万回もあるのである。つまり現状では、発着能力の半分も使っていないことになるのだ。

しかも発着回数については毎年ほぼ横ばい。いっこうに改善される気配がない。たとえば〇八年度夏季の週間就航便数で見ると、旅客六一四便、貨物二〇〇便の合計八一四便だ。〇七年夏期の七八二便を辛うじて上回るが、わずか四パーセント程度の伸びでしかない。

世界一高額な着陸料

関空の苦しい状況は、旅客数の推移にも表れている。

関空の旅客数は、開港した翌一九九五年度が一七三一万人。そこから上向き、いったん二〇〇〇年度には二〇五八万人を記録した。しかし、〇一年の九・一一（米同時多発テロ）や新型肺炎SARSなどの影響により、〇三年度には一三七二万人に激減。その後、回復しているも

関西国際空港の旅客数

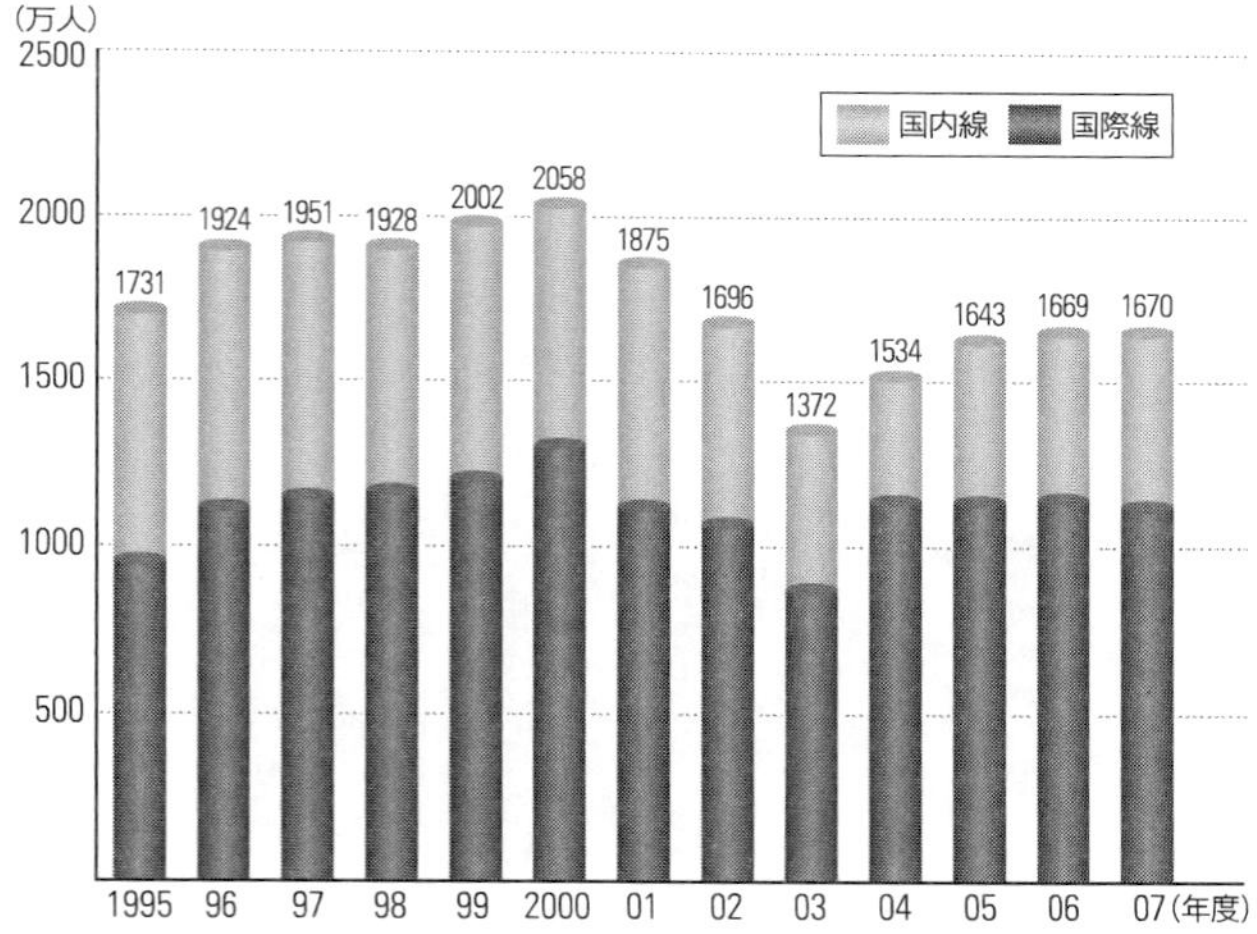

の の、〇七年度は一六七〇万人と開港当初の水準よりも下回っている。

この先、飛躍的に旅客数が増大する見込みがあるとも思えない。

旅客数を国際線と国内線で分けて見ると、国内線が短期的に上昇することはあっても、長期的には低迷している。大阪などの中心部からのアクセスを考えると、確かに国内線でビジネス需要を掘り起こすことは難しい。JALやANAの大手は、羽田とのドル箱路線でも、関空路線の開設には、もはや手を挙げようとしないのだ。

〇七年十一月、国交省は羽田空港の発着枠を一日一〇便増やした際、四便を羽田—関空路線に振り分けた。この割り当ての際、JALもANAも、まるで反応しなかった。結局、

ANAが出資している新興航空会社のスターフライヤー（北九州市、堀高明社長）が、名乗りをあげたが、その狙いは採算面ではない。

スターフライヤーは、地元の北九州路線以外にも、大阪や新千歳など基幹路線への乗り入れを狙っている。そのためにはまず、羽田発着路線を確保し、国交省へ実績をアピールしなければならない。要するに、純粋に関空路線がほしいわけではなく、実績づくりという側面が強い。それが、業界のもっぱらの見方だ。

航空会社が関空路線の開拓に積極的でない理由。そこには、さまざまな要素があるだろうが、一つには着陸料の高さが影響しているといえる。

「IATA AIRPORT & AIR NAVIGATION CHARGES MANUAL（二〇〇六年十一月）」を基に、世界の主要国際空港における乗客一人当たりの着陸料を比較してみる。

たとえば四三〇人乗りのボーイング747-400。搭乗率を七〇パーセントとすれば、三〇一人が乗客となる。関空の一人当たりの着陸料は二七四三円だ。これに対し、米ニューヨークのジョン・F・ケネディ空港は一八六九円、ソウルの仁川空港が一五〇二円で、シンガポールのチャンギ空港にいたっては八八三円しかかからない。チャンギ空港はざっと関空の三分の一の着陸料なのだ。

路線の航空運賃が運航コストによって決まるのはいうまでもない。着陸料もその大きな要素である。つまり、乗客が着陸料を負担しているわけであり、航空会社の競争力に直接響いてくるのだ。

国内比較でも、成田が二五五九円、中部が二一七八円と、やはり関空の二七四三円と比べ、かなりの割安となっている。また、IATAの資料にある二一〇人乗りボーイング777-200で搭乗率七〇パーセントとした場合の飛行機一機当たりの着陸料では、関空の七〇万円に対し、成田と中部が六〇万円前後となる。これが東南アジアとなると、仁川は四〇万円を切り、チャンギは二〇万円を割っている。

航空会社は空港の着陸料以外にも、税金やターミナル施設の利用料、航空保安料金などを負担する。着陸料には、計算の仕方がいくつかあるので一概にはいえないが、関空が世界最高水準の高額な着陸料を取っていることだけは間違いない。

二〇〇億円を超える巨大な利子負担が経営の足かせに

なぜこんなに着陸料が高くつくのか。それは巨額の有利子負債のせいだ。関空の〇七年度の支払利息は二二七億円。利払いだけで、航空関連の収入四六一億円の半分を超えるのだ。

経営不振が続くその関空には、空港整備特別会計（現空港整備特別勘定）、通称、空整特会という国交省の特別会計が投じられている。その年額、実に九〇億円。この巨額の特別会計が、関空を運営する関西国際空港株式会社に補塡されている。つまり、そうでもしなければ、空港運営そのものが成り立たないのである。

表向き関西国際空港は、株式会社の形態をとっている民間企業だ。だが、国土交通大臣が筆頭株主として発行済み株式の五九・〇一パーセントを所有している。事実上のオーナーは国である。株主構成でいえば、国に続き、一〇・九四パーセントが大阪府知事、七・六六パーセントを財務大臣が保有している。

関空の経営実態は国の指定会社であり、国交省の管理下にあるといっていい。関空の運営会社に空整特会から、費用の補塡があるのは、事実上、国営会社だからである。ちなみに、これに加えて大阪府も毎年補助金を出している。知事の橋下徹がしょっちゅう関空の愚痴をこぼすのは、これ以上せびられたくないからだ。

そんな関空を支える空整特会は、道路特別会計と同じく、空港整備のために国交省から支出される資金である。その原資は、もっぱら全国にちらばる空港の着陸料だ。空整特会は、その空港使用料や航空燃料税、一般会計から成り立っている。

空整特会は空港建設という役割を担って投入されてきたのだが、それだけでもない。滑走路が完成したあとメンテナンス費用や関空のような赤字空港の運営資金として使われている。しかも、それは旧日本道路公団に見られたプール制会計だ。全国の空港のあがりをかき集めたどんぶり勘定となっている。おかげで、個々の空港の運営実態が、よくわからない構造になっているのだ。

関空はそんな空整特会からの援助を受けてなお、二〇〇〇億円を超える巨大な利子負担が経営の足かせになっている。そのせいで航空機の着陸料が高額になり、航空会社から敬遠される。路線も減る一方で、それが着陸料収入を減らすという悪循環だ。

こうした状況は開港当初からほとんど変わっていない。

オープン当初、アジアのハブ空港を目指すというスローガンを掲げた関空は、やがて第二滑走路の運営を始めた頃から、「国際貨物のハブを目指す」とトーンダウンする。

本来、当初の目標どおり、関空がアジアのハブ空港として機能すれば、関西の経済復権に大きく貢献したに違いない。空港そのものには、激変する世界の空港戦略に対処できるだけの能力もある。

四〇〇〇メートルと三五〇〇メートルという二本の滑走路が平行に走る関西国際空港は、日本で最も優れた機能を備えている空港といえる。二本の滑走路は、互いに離れて平行に走っているオープンパラレル型だ。これだと航空機が同時に離発着でき、発着能力もさらにアップする。その規模についても、ソウルの仁川や上海の浦東、ロンドンのヒースローといった名だたる国際基幹空港に匹敵する。

しかし、それが機能不全に陥っているのだ。この先関空が浮上する妙案はあるのか。

巨額負債の圧縮に公的資金を投入するしかない

イタリアの建築家レンゾ・ピアノによる斬新なデザインが目を引く関空のターミナルビルは、流行のワンルーフ型でハブ空港に適した構造になっている。国際線の到着フロアが一階、出発フロアは四階に位置し、二階の国内線発着フロアを挟むコンパクトなサンドイッチ構造だ。乗客はエスカレーターで国際線から国内線へ、またはその逆へと、簡単に乗り継ぐことができる。

二兆五〇〇〇億円を超える巨費を投じて整備されてきた関空は、世界に向けた日本の空港戦略において、極めて重大なポイントになる。と同時に、関西経済復権の切り札として期待されてきた。

しかし、これまで見てきたとおり、関空は利用客や飛行機の発着回数が伸び悩み、経営は赤字体質から脱却できていない。〇八年三月期連結決算で見ると、営業収益は一〇六一億円。成田の五割程度だ。

そのうち航空関係の収益は四六一億円、主要な収入源である肝心の着陸料となると、二〇〇億円程度しかない。利払いすらままならない。政府からの九〇億円の空港整備特別会計を加え、かろうじて一〇九億円の当期純利益をあげている。が、逆に〇九年三月期は資産売却に伴う一九五億円の特別損失を計上せざるを得ないため、赤字に転落する見込みだという。

どうすればいいのか、村山敦社長に聞く。

村山社長は一九三八年三月生まれ。六一年に京都大学法学部を卒業後、松下電器産業（現パナソニック）に入社した。九五年同社取締役、九七年同社常務、九八年同社専務、二〇〇〇年六月同社副社長と出世街道を駆けあがる。〇三年六月より関西国際空港社長として、現在にいたる。

松下電器産業出身の村山は、成田の森中社長に先駆け、民間企業出身者として初めて関西国際空港社長に就任し、話題になった。空港の社長になった経緯は、成田の森中に似ているといえなくもないが、経営の舵取りは成田とは比較にならないほど厳しい。

「関空に対してはこれまで、空港を建設した目的が、土木工事のためなどと、さんざんいわれてきました。建設業者のために無理して空港をつくった、と。しかし、空港建設は、文字どおりインフラ整備です。だからある程度、大きな資金を投入してもいい。国民の意識として、それをどうとらえるか、という問題ではないでしょうか」

松下電器の副社長時代は、中村邦夫社長（当時）とともに、家電不況の中、経営改革に取り組んだ。村山は「V字回復」を成し遂げた名経営者として知られる。それだけに、言葉は歯切れがいい。まさに歯に衣着せず、こう話す。

「昨今の空港問題は、成田をはじめ首都圏の空港ばかりを論じる傾向があります。しかし、首都圏空港の容量不足は以前から分かり切っていたことであり、いまになって話し合っても遅いのではないか、と言いたい。地方空港に関するありようについても同じ。過去の空港政策の結果、日本の地方空港は、いまや仁川空港のハブ&スポークスネットワークに組み込まれています。首都圏空港問題も地方空港問題も根っこは変わりません。対して仁川は、韓国が税金を投じて戦略的な空港にした。空港というインフラ整備とは、そういうものなのです」

関空への航空会社の乗り入れが鈍い理由

村山は関空の社長に就任後、コスト削減を徹底。二〇〇五年三月期連結決算では、九四年の開港以来、初の単年度黒字を達成した。だが、現実には、飛躍的に経営状態が上向いてきたとはいえない。むしろ、オープン当初より、経営環境は厳しくなっている。米国線をはじめとしたJALやANAの路線撤退が、それを如実に物語る。

むろん旅客や発着の数が伸びないのは、航空会社の関空への乗り入れが鈍いせいだ。国際線のビジネス利用はどうしても首都圏の発着に偏ってきた。

「この数年、首都圏の一極集中に対する問題がいわれてきましたけど、航空の世界にもその弊害が出てきます。ビジネスで海外に行くのは、金融関係者や商社マンが多い。だが、関西に本社のあった金融機関など多くの会社が近年、合併や統合をして東京に本社機能を移していった。そのため、関西発着の国際線のビジネス客が減ってきたのです」

村山はそう分析する。

「その結果、関空発の欧米路線は、いまやＪＡＬのロンドン線一本のみになってしまった。国内の航空会社は、ビジネス需要の客を抱え込みたいので、撤退してきたのは、そのとおりでしょう。もともと米国の航空会社も成田に機能を集中させていますから、ますますその傾向が強まっています」

しかし元来、大阪や兵庫、京都のある関西の経済規模は小さくない。大阪の経済規模は、韓国やカナダのＧＤＰ（国内総生産）並みだ。それだけ大きな経済圏を後背市場に抱える関空には、まだまだ潜在的なビジネス需要があるともいえる。

「とくに、これからはアジアのビジネス需要が増える。とりわけ、中国とのビジネスが進んでくるでしょう。確かにそのなかで、関空の存在意義があると考えています」

関空の可能性について、村山はこう言う。

「ただし、成田と違って黙っていても航空会社が、やって来てくれる（就航する）わけではありません。空港として、それなりの体制を整え、工夫しなければならない。そこで、われわれは、四年ほど前にお客様本部という営業本部を設置しました。お客様本部は、航空営業部とターミナル営業部に分かれ、ターミナル営業部は文字どおりテナントや直営店の管理・営業を担う。航空営業部がエアーラインの誘致に努めてきました。およそ四〇人の部隊ですが、成田にこういう部署はありません」

地元自治体の支援も及ばず

活性化のために、航空会社の新規路線を誘致する必要があるのは自明だが、やはりここで関空の障害になっているのが、高コスト体質である。繰り返しになるが、たとえば搭乗率七五パーセントのボーイング777-200型機の着陸料は五七万六八四〇円。対して、成田は四五万五四〇〇円しかかからない。コストは運賃に反映される。高い着陸料が航空会社の乗り入れを阻んできた感は否めない。

「関空は世界一着陸料が高いと批判されます。しかしいまは、新規に就航してくれた路線について、以前より増えた分の着陸料を約半額にする、というインセンティブを与えさせていただいています。着陸料については、インセンティブ分を含めると、成田より安いと思います。そうして中国をはじめ、アジアのキャリアを誘致してきました。その他、支店の開設などのお手伝いなどをしています。航空会社からは『関空は面倒見がいい』との評価を受けています。こうした努力もあり、とくに中国キャリアは、月に一回のペースで新規就航していただいた時期もあります」

つまるところ着陸料をダンピングすれば、路線を誘致できるのだが、赤字を膨らませる原因にもなりかねない。

関空の路線誘致については、大阪府も後押ししてきた。府のにぎわい創造部が「関西国際空港ゲートウェイ機能強化促進事業」と銘打ち、兵庫や奈良などの近隣県や関西経済連合会といった経済団体に呼びかけ、支援金を募集。大阪府が二億四〇〇〇万円の予算を組み、七億円を関空へ投じてきた。

ここから、新規路線を設置する航空会社一社に対して二〇〇〇万円の奨励金を与え、空港内の支店開設費用などに充ててきたという。もっとも、この支援事業については、知事の橋下徹が財政再建プログラムのなかで打ち切る意向を示し、大阪府とのあいだで火種の一つになった。地元自治体の支援がいつまで続くのかは不透明だ。村山社長は言う。

「もちろん海外キャリア（航空会社）の本音は、成田への就航を希望しているのでしょうけど、現実問題として、キャパシティ不足からそれは難しい。そこで、われわれの出番があるのです。とりわけ貨物分野については、力を入れています。貨物分野はアジアのネットワークの拠点になり得ると考えています」

〇七年夏の第二滑走路オープン以来、関空は貨物のハブ空港を目指す、と方向を転換してき

た。その点について、村山は、

「とくに貨物では、二十四時間利用できるオープンパラレルの滑走路が強みを発揮できるでしょう。いまは関西発の対米貨物でも、その三割が成田経由として流れています。だが、アジアのネットワークを構築できれば、かなり有望です」

と、このように話す。

「たとえば精密な電化製品の部品を日本や米国で製造し、それを中国へ運んで組み立てるとする。エレクトロニクス部品の在庫管理はものすごいコストがかかり、金利の塊のようなものですから、少々輸送コストがかかっても迅速に運び、製品にしたほうがいいわけです。だからエレクトロニクス分野の貨物は航空輸送が基本になっています。なかでも、世界中の組立工場が集中している中国への輸送が大きなポイントとなるでしょう。それだけに、航空輸送にとって、大きなビジネスとなるはずです。ここで重視されるのが、積み替え輸送ですが、成田はそこを目的地とするディスティネーション輸送が主流。しかし、関空は仁川と同じく、ハブ空港として貨物の積み替えにも適しています。そんな優位性を発揮していけば、ビジネスチャンスは必ずあるはずです」

「税金の投入しかない」

松下電器出身の社長ならではの視点といえる。関空は、ハブ空港としての機能を備えているため、ビジネスチャンスもなくはない。しかし、やはり最大の問題は、一兆円を超える有利子負債だ。高額な着陸料などのコスト高体質は、根本的な課題として、空港に重くのしかかり続けている。

村山の言うように、仮に着陸料の割引によって就航が増え、収益が多少伸びても、巨額の債務を一気に減らすほどのキャッシュフローをもたらすレベルにはいたらない。永続的な低コスト体質をつくらなければ、世界の空で戦う体制が組めないのは明らかだ。昨今台頭し始めたローコストキャリアを誘致しようとしてきたが、人一倍コストに敏感な彼らが相手にするかどうか。それらをずばり尋ねてみた。

「昨今（〇八年前半まで）の原油高という逆風もあり、航空業界全体の経営が難しくなっています。関空の負債は四〇年で返済できる計算にはなっていますが、いまのままではいけません。せめていまの借金を半分にしなければ、確かにこの先の経営は厳しいでしょう」

村山は率直にそう話す。

「関空は、およそ一〇〇〇億円の売り上げに対し、空港経営の基本となる着陸料が二〇〇億円ほどしかありません。それに対し、支払利息は年に二二七億円にのぼっている。今年、連絡橋を売却し、売却資産を返済原資に充てることはできますが、実をいえば七八〇億円の簿価に対し、売却額は五八〇億円。会計上は一九五億円の特別損失が発生します」

村山みずから苦しい現実を分析する。

「このような状態では、株式の上場はとてもできないし、そもそも売り上げの割に資本が大きすぎる。売り上げ一〇〇〇億円に対し、資本が八〇〇〇億円もあるのですから。仮に上場するとなれば、減資しなければならない。つまり、減資が前提の上場ですから、株の上場益も期待できません。従って、まずは借金の返済原資をどう捻出するか。それが先決です。民営化うんぬんなどはその次の話です」

村山は、関空浮上のためには税金の投入しかない、ときっぱり言う。

「やはり借金が課題です。その返済原資は税金しかないでしょう。空港はインフラなのですから、その大前提に立てば、本来おかしな話ではないはずなのです。たとえば成田空港が上場すれば、四〇〇〇億円程度の上場益が政府に入ってくる。それを回してもらいたい。国民の意識として、関空を国の空港戦略だととらえ、考えるべきだと思います」

悪しき平等主義のばらまき政策

返す刀で村山は、日本の航空会社のあり方にも触れた。

「そもそも日本の航空会社には、空港が社会インフラだという考え方が抜けているのではないでしょうか。世界の航空会社にはマザーポート（母港）という考え方がある。航空会社がそれぞれ独自に一つの空港を拠点にし、路線運営をする。本来、それが航空会社の経営のあり方という考え方です。日本の航空会社のなかにも、本気になって関空をマザーポートとしてとらえるところが出てこないでしょうか。スカイマークが神戸空港をマザーポートのように使ってきましたが、日本の航空業界も、ＪＡＬとＡＮＡという二社の独占体制に、風穴を開ける時期にきている。そうして羽田や成田に頼るのではなく、別のマザーポートで運営するキャリアが出てきてもいい。そう思いますね」

村山の言うとおり、道路と同じく、社会資本である空港には、ときに税金を投じてでも整備する必要があるだろう。しかし、税金の投入には本当に必要であるという前提条件がつく。たとえば一国の国際基幹空港として機能させることができるかという視点。あるいは他に交通手段のない離島空港など、必要不可欠な空港整備もある。

しかし、と同時に、社会資本整備の大前提を忘れてはならない。仮にこれまでの政策の失敗があれば、それが改善されているか。また失敗の原因分析がなされているか。それらがあって初めて、公金が必要か否か、を判断しなければならないだろう。

そもそも日本の空港が高コスト体質に陥っているのはなぜか。その最大の原因が、空港整備特別会計（空整特会）のばら撒き政策なのは間違いない。

日本政府は過去、国際競争に勝つための戦略的な空港整備をしてきたわけではない。全国の地方空港整備に広く事業費を投じてきたにすぎないのだ。いわば空整特会は悪しき平等主義の象徴であり、換言すれば、それが全国に不必要な空港を生み、国際競争に乗り遅れてきた元凶なのではないだろうか。

「急速に進む経済のグローバル化のなか、日本は活力が落ちている気がしてなりません。空港問題にしても、首都圏だけではもはや用が足りないのです。そういう視点が必要なのではないでしょうか」

関西国際空港初の民間人社長は、最後にそう言い残した。このような大胆な発言をしている裏には、打開策を打ち出せない行政への不満が見え隠れする。

伊丹空港の廃港を提唱する声まで

関空は、第二滑走路ができたものの、その周辺施設を建設する第二期工事は、未完成のままだ。それを実行に移すため、〇八年度の発着回数を一三万五〇〇〇回にすると国交省へ公約してきた。公約どおりの発着実績を残さなければ、国は第二期工事の予算を出さないと迫っている。

これまで見てきたように、関空の処理能力からすれば、これは決して高いハードルではない。

〇八年四～九月の上半期こそ前年同期比六・一パーセント増の六万七〇〇〇回と順調に伸びているように見えた。

だが、その後のJALやANAの減便などが響き、下半期は大幅ダウン。冬季ダイヤで一五路線の廃止・減便に踏み切ったほか、国際線の貨物便も前年比約二〇パーセントも落ち込んだ。そのため、公約の達成が不可能になってしまう。結果、新たな目標として、前年と同じ一二万九〇〇〇回を提示し、財務省に予算をつけてくれるよう訴えてきた。

そんななか、橋下徹・大阪府知事などからは、海外旅行者らの利用が多い伊丹空港の廃港というショッキングな提唱まで飛び出す。関空は、それほど混乱しているといえる。

関空をとりまく経営環境は、予想以上に深刻である。航空界では、関空に加え、従来の伊丹空港と開港三年を迎えたばかりの新神戸空港を含め、「関西三空港」という呼び方をする。そのトータルの〇八年旅客数が、三四〇五万人にとどまり、関係者に波紋を投げかけている。

神戸空港がオープンした〇六年、前年の二空港時代より五五万人増の三五七八万人の利用客を記録。それが、早くも翌〇七年から減少し続けてきた。あげく〇八年は二空港時代より一一八万人も下回ってしまったのだ。新神戸空港は開港以来、利用客が減り続ける一方だった。これでは何のために空港をつくったのか、と言いたくもなる。

しかも、苦戦しているのは、関西三空港だけではない。日本の一〇〇近い空港のうち、関空や新神戸と似たり寄ったりの地方空港を数えあげたら、きりがない。世界的な空港の覇権争いのなか、こうして日本の航空行政の欠陥そのものが、浮き彫りになりつつある。

第五章 赤字「空港」の支え「空整特会」

一日一～二便の赤字路線で細々と経営する地方空港

ゴールデンウイークが明けたばかりの二〇〇八年五月六日、私は羽田から鳥取空港へ向かった。朝一番の午前六時五十分羽田発、午前八時鳥取着のＡＮＡ便。早朝便ということもあり、空いているだろうとは思ったが、機内は予想以上に閑散としていた。客室乗務員に聞くと、一六六人乗りエアバスＡ３２０の利用客は、わずか二二人しかいないという。搭乗率にすると一三パーセントにしかならない。連休明けの早朝便とはいえ、鳥取空港のロビーは火が消えたような静けさだ。

だが、地方路線において、これは特殊ケースではない。全国には、一日一～二便の赤字路線に頼りながら、細々と運営しているうら寂しい地方空港は決して少なくないのである。

なぜこのような状態に陥っているのか。その大きな原因が地方路線そのものの供給過多にある。簡単にいえば、空港がある分、路線を確保しなければならないため、利用客が分散され、ガラガラになっているのである。たとえば、先の鳥取県には、鳥取と米子という二つの空港があり、地図上で見ると一〇〇キロも離れていない。その間を一般道で走ると、一時間半もかからなかった。

この鳥取県全体の人口が六〇万。人口からすると、東京二三区の足立区ほどの規模だ。その狭い地域に二つの空港があるのだが、ここまで必要だとはとても思えない。また、米子空港から西隣の島根県へ山陰道を一時間ほど走ると、そこには出雲空港がある。そこから、さらにもう少し足を延ばすと石見空港、といったありさまである。

日本国中に九九もの空港をつくってきた特別会計制度。そのありように迫ってみる。

時代錯誤の遺物、評判の悪い特別会計

「国民目線で、道路特定財源の一般財源化などの方向性を打ち出しました」

二〇〇八年九月、日本国中を驚かせた福田康夫前首相の電撃辞任会見の席上、誇らしげに語ったのが、道路特別会計の見直しだった。無責任首相が決めた数少ない制度改革だ。しかし、時代錯誤の遺物として評判の悪い特別会計は、ほかに四つもある。なかでも、目下、問題視されているのが空港整備特別会計（空整特会）だ。

「日本全国に空港を」

というスローガンの下、一九七〇年に創設された特別会計制度だ。結果、全国津々浦々に九九もの空港ネットワークを構築してきたのが、この空整特会である。空整特会は道路建設と同様、空港整備という名の下、ばら撒き建設土木行政を支えてきたともいえる。

しかし、狭いニッポンにそんなに空港が必要なわけはない。実際、地方空港は赤字だらけで閑古鳥が鳴き、ここへ来てＪＡＬやＡＮＡが、そんな赤字路線から次々と撤退を表明している始末だ。

先にインタビューした国土交通大臣政務官（当時）の谷公一が話したように、空整特会が政府内で問題にならなかったわけではない。表向き、改革するという政府見解は、これまでも何度か聞かれた。

たとえば〇五年十二月に公表された「行政改革の重要方針」も、その一つだ。

「（空整特会制度そのものの）将来の独立行政法人化等について検討する」

公明党の北側一雄元国土交通相が、そう方針を打ち出した。その結果、〇八年四月から元の「空港整備特別会計」から、「社会資本整備事業特別会計空港整備勘定」へと名称が変わる。北側大臣の方針発表から二年半を要して、ようやく改称されたのだ。だが、それだけ。結局、「検討する」と言っていた独立行政法人組織になったわけではない。

北側方針発表後、国交省では同じ公明党の冬柴鐵三から自民党の谷垣禎一へと大臣のバトンが渡されていった。が、その実態は変わらず。空整特会は名称が変わったにすぎず、まだまだ健在なのである。

国交省航空局では、二〇〇九年度も、しっかり五二八〇億円の予算を計上。〇八年度予算の五四〇六億円と同じ規模だ。国交省が空港関連に使える財源として、確実に温存してきたといえる。

使命を終えても温存されている

そんな空整特会の原資は、飛行機の着陸料など、全国の空港使用料や航空機燃料税だ。これを道路特定財源に譬えるなら、揮発油（ガソリン）税などにあたる。自動車に乗って支払うガソリン税が、道路建設に回されるのと同様、飛行機に乗った運賃には、空港使用料や燃油税などが含まれている。

〇八年度の空整特会五四〇六億円のうち、これらで三〇〇〇億円を賄っているのだが、とりわけ燃料税はこの数年の原油高により年々増加してきた。航空運賃に上乗せされるため、乗客が燃油アップの負担を強いられる羽目になっている。

国際線のサーチャージ（燃油高騰による運賃の上乗せ）が海外旅行の足を引っ張ってきたと

話題になってきたが、燃油税は国内国外を問わず運航路線に適用される。国内に限ってみると、利用客は年間一億人ほど。知らず知らずのうちに、一人当たり一〇〇〇円を燃料税の形で負担させられている。空港使用料を含めると、ざっと一人三〇〇〇円の負担だ。

さらなる問題は、これらが道路と同じプール制会計だという点だ。空整特会はいったん政府の会計枠に放り込まれ、空港整備名目で全国の空港にばら撒かれる。

二〇一〇年の羽田空港再拡張を除けば、ほとんど新規滑走路の建設はない。にもかかわらず、相変わらず毎年五〇〇〇億円規模の特別会計予算が計上され続けているのだ。

空港整備を謳いながら、その実、地方の赤字空港の運営費用に回している実態が垣間見える。先の関空が空整特会から毎年九〇億円の補助金を受けているのは、最も分かりやすい例だ。

その空整特会最大の原資が、羽田空港の着陸料である。羽田の黒字を他の空港にばら撒いている格好だ。かつて日本道路公団のプール制会計に対し、東名高速道の通行料が地方の道路建設に投じられていると批判された。基本的にそれと同じ構図だ。

しかも、その空整特会のプール制会計により、運営費用を補填されている地方空港の多くは、財務内容がはっきりしない。国交省はようやく今年（〇九年）に入り、国管理の二七空港に限り経営内容を公表すると発表したが、これまでは個々の空港がいくらの赤字なのかさえ、明らかにしてこなかったのである。しかも、空整特会の使い道についてはいまだ不透明だ。

空港整備を謳い利用者負担を強いながら、使い道は不透明

たとえば五〇〇〇億円規模の特別会計のうち、歳出項目に空港の環境対策や地域振興費用として、およそ一〇〇〇億円が計上されているが、これなど何に使われているのか。全国の空港整備を錦の御旗に、利用者負担を強いているのに、その使い道さえ分からない。そんな奇妙な制度を延々と続けているのは、日本以外にない。

「道路整備特別会計、治水特別会計、港湾整備特別会計、空港整備特別会計及び都市開発資金融通特別会計の五つの特別会計については、平成二〇年（二〇〇八年）度までに統合し、無駄の排除を行うものとする」

二〇〇五年十二月二十四日付で公表された政府の行政改革の重要方針にはこうある。あまり周知されていないが、政府にとって空整特会は、道路整備特別会計、通称道路特会と同じ扱いだといえる。これら五つの特別会計を〇八年度から社会資本整備事業特別会計としてひと括《くく》りにしようとした計画が、北側一雄国土交通大臣時代の方針である。行革の重要方針で空整特会に限っていえば、以下のように書かれている。

「特別会計の歳出・借入金の抑制の努力を講じつつ、引き続き空港整備に投入していくものとするが、その適否については常に点検を行い、将来的には、空港整備の進捗状況を踏まえ、原則として一般財源化を検討するものとする」

本当に「曲がりなりにも」だが、それでも政府は〇九年度から道路特会の一般財源化に踏み切った。しかし、空整特会は相変わらず改革を「検討する」という表現にとどまり、そのまま温存されている。ここへ来て、二七の空港経営について公表するとなんとか転換したものの、その実態はどんよりとして見えない。

一九七〇年の創設以来、四〇年を経た空整特会は、二〇一〇年の羽田再拡張を最後にその使命を終えるとされてきた。開港の延期で揉めた富士山静岡空港や茨城空港を加え、九九空港に達する日本の空港ネットワークを構築してきた公的資金だ。だが、これが決定的に変わる気配は、いまのところない。

先に羽田の黒字分を赤字の地方空港に回していると書いたが、正確にはそうとはいい切れない部分もある。それは全国一〇〇近い日本の空港で、いったいどこが黒字でどこが赤字なのか、経営実態が極めて不透明だからだ。事実上、国が管理している空港は、成田や関空、中部国際空港など民間会社形式で運営されている空港以外、その正確な経営状態はほとんどつかめなかった。従ってどこの空港収入でどの赤字空港を救っているのか、よく分からないのである。

改めて、この不明朗な会計制度について検証する。

乗客の運賃が特別会計に化けて地方空港の赤字を補塡

日本の空港のなかには、自衛隊や米軍の飛行場と併設されたり、離島や岬などに建設されてきた公共用飛行場があるが、大半は国交省が空港施設などを設置・管理する一種および二種Aと、地方自治体が設置者となり、運営する二種Bおよび三種空港だ。その他、同じ国の管理でも、小松空港や新茨城空港などは、防衛省が設置・管制塔を運営する。

一種は羽田、伊丹、成田、関空、中部の五空港。このうち羽田と伊丹は名実ともに空港施設を国が管理してきたが、成田、関空、中部は民間企業の株を国が持つことにより、管理運営してきた。残りの二種Aは、北海道の新千歳や稚内、釧路などから、九州の北九州や福岡、鹿児島、沖縄の那覇にいたる全国の主要一九空港となっている。また、地方自治体が管理運営する二種Bは、旭川、帯広、秋田、山形、山口宇部の五空港、三種は利尻や青森、佐賀や石垣といった空港だ。

形の上では、日本の空港は国が設置・管理する空港だけでなく、地方自治体管理の空港から共用飛行場にいたるまであるように見える。だが、滑走路の建設費用は空整特会に負ってきた。また整備・メンテナンス費用の面でも、事実上、空整特会の恩恵にあずかっている。

すでにこれほど空港網が構築されているにもかかわらず、この空整特会の実態は、いっこうに変わっていない。最近の十数年を見ても、予算は毎年ほぼ同額だ。ちなみに〇九年度の予算額は、〇七年度の予算五六三八億円より少しだけ減って五二八〇億円である。

繰り返すまでもなく、空整特会の歳入は、航空機の空港着陸料や燃料税などが、その大部分を占める。たとえば〇九年度の予算について細かい内訳を見てみる。歳入は着陸料や航行援助施設利用料など、全国から集まった空港使用料の二〇八四億円をはじめ、一般会計から一四二九億円、財政投融資からの借り入れが八八二億円、その他ターミナルビルの土地賃貸料などの雑収入八八五億円から成り立っている。このうち、空港使用料や燃料税が、乗客の運賃に組み込まれているわけだ。

その額、実に三〇〇〇億円。飛行機の利用者がそれを負担しているのだが、その他、空整特会には一般会計から燃料税を除いた一〇〇〇億円が投じられている。つまり、乗客が払っている運賃で、特別会計予算全体の七割弱を賄っている計算になる。

ふだん気づかないが、われわれのチケット代が、この謎めいた特別会計に化けているわけだ。空港整備勘定という名目でこれが一括管理され、行ったこともないような地方の空港にばら撒かれているのである。

続いて、〇九年度予算を詳細に検討してみる。するとまず、歳出のなかにある「空港等維持運営費等」の一四一八億円に目がとまる。これは羽田の再拡張に費やす予算要求額の一三一三億円を上回っている。空整特会最大の支出だ。

「空港等維持運営費等」という文字どおり、これが空港のランニングコストである。多くの空港が自らの収入でコストを賄い切れず、空整特会から融通してもらっている実態がこれだ。年間一五〇〇億円近い金で、赤字空港における運営費の不足分を穴埋めしているのだ。

しかし、これがどの空港に手当てされているのか。それが分からない。先に関空で空整特会から毎年九〇億円が投じられ、ようやく単年度黒字になったと書いたが、年間トータルで二四二億円という巨額の資金が、補塡されている。だが、関空は株式会社形式だからある程度、赤字の実態が把握できるにすぎない。他のほとんどの空港の赤字状況は不明のまま確認すらできないのである。

空港維持のための空整特会

空整特会について、過去の歳出の推移を検証すると、不思議な点に気づく。過去二十年間の平均予算総額は五〇〇〇億円程度。ずっと横ばいだ。〇六年度から、予算額が五七〇〇億円ほどに増えたが、これは羽田の再拡張が迫ってきたからだと推測できる。基本的に空整特会の歳出総額は二十年ものあいだ、ほとんど変わっていないといっていい。

その歳出の内訳のうち、まず注目すべきは「空港整備事業費」という項目だ。空整特会本来の滑走路建設費用の推移である。

空港整備事業費は一九九六年度の三四八九億円をピークに、いったん減少に転じる。羽田の三本目のC滑走路で沖合展開の目処《めど》がつき、翌九七年度には事業費が二五三〇億円に減った。そこから〇四年度まで、ほぼ横ばいに推移し、羽田の第四D滑走路再拡張事業費として、六〇五億円を計上した〇五年から再び上昇している。

ここで疑問が生じる。たとえば一九九七年度から二〇〇四年度までは、羽田以外ほとんど新しい空港や滑走路を建設していないにもかかわらず、同じような金額の整備事業費が計上され続けているのだ。金額にするとおよそ二五〇〇億円。大した滑走路をつくってもいないのに、いったいどこにそんな巨額の資金が必要だったのか。

一方、先の「空港等維持運営費等」という歳出項目に再び目を転じてみる。実はこれも、空港整備事業費と同じ傾向が見られる。九七年度は一四八〇億円で、二〇〇一年度が一五九一億円、二〇〇六年度は一三九一億円、と最大二〇〇億円のブレにすぎない。ほぼ横ばいに近いといえる。政府は、こうして赤字空港の運営コストを補塡してきたうえ、滑走路整備のない事業費を延々と支出し続けてきたわけだ。

とどのつまり空整特会は、空港整備のためにあるのではなく、全国の空港を維持していくために存在するのではないか。あまりにも隠しごとが多いため、そんな疑念を抱くが、航空界ではなかばこの意見が常識になっている。

ようやく政府は「単体の空港収支公表」を決めた。それはこうした疑念に耐え切れなくなったからにほかならない。しかし、まだまだ空整特会の実態が解明されたわけではない。

ブラックボックスを国交省はどこまで明らかにするか

ちなみに国交省のホームページを見ると、〇九年度の五二八〇億円の予算のうち、三二九九億円が空港整備事業に費やされることになっている。

前述したように、整備費の上昇は、羽田の再拡張時期が近づいたためだとも受け取れる。羽田の再拡張のような新滑走路の建設事業なら分かりやすい。が、全体で見ると、その使われ方が実に曖昧なのだ。滑走路の補修やメンテナンス、そこにかかる人件費や外注費など、具体的な資金の使い道を公表していない。果たして整備事業とは、どこまでの範囲を示しているのか。

この空港整備事業費の三二九九億円の内訳として、国交省は羽田、成田、関空、中部に関し二九〇七億円の予算を計上している反面、「一般空港等」という項目で三九一億円。さらに「空港等機能高質化事業」と称して二二一億円を計上している。一般空港等とは、国管理空港以外の地方空港への援助だろうが、機能高質化事業とは、いったい何を指すのか。当の国交省の関係者が、首をかしげながら指摘する。

「もともと滑走路建設がないのだから、空港整備事業について、もっと少ないはずだという見方はあります。逆に、むしろ赤字補塡する空港維持運営費が、年々増加しているのではないか、という指摘もある。しかし、仮に整備事業が少なく、維持運営費が多くなれば滑走路の整備を目的にしている空整特会そのものの不要論が起きるかもしれない。だから、歳出項目の計算方法を工夫したのではないか、などという憶測も流れています」

文字どおり、「空港等維持運営費等」をはじめ、空整特会の使われ方はブラックボックスになっている。まずは、それをどこまで明らかにできるか。国交省にとって、急務の命題といえる。

だが、国交省に課せられた問題は、これだけではない。特別会計を遣って全国津々浦々に張り巡らした九七もの空港が、赤字だらけになっている。それをこれからどうすればいいのか。こちらのほうが厄介だ。

運輸政策研究機構発行の『空港経営―国際比較と日本の空港経営のあり方』（添田慎二著）によると、空港単体の資産や収支が公表されていないため推測だと断りを入れながら、以下のように記す。むろん今年（〇九年）になって決めた単体の空港収支の発表より、ずっと前に調査したものだ。

「基本施設段階で（ターミナルビルの利益によらないで）黒字を出しているのは新千歳、名古屋（注：中部へ移設）、長崎、宮崎、鹿児島の五空港である。現在、沖合展開事業の借入金利負担などの重い羽田や、構造的に環境対策費や土地賃借料負担が重い伊丹、福岡などは大都市空港であるにもかかわらず赤字となった」（一九九九年度の財務分析より）

旧運輸省所管の財団法人による分析でありながら、このような結果になったという。さる業界分析では、これがもっと辛辣になる。

「毎年の滑走路のメンテナンス費用を含めると、経常収支で黒字なのは羽田、伊丹、新千歳くらいではないでしょうか。再拡張の費用を度外視した場合、羽田は大きな利益があり、キャッシュフローにも余裕がある。言ってみたら、新千歳や羽田の着陸料で全国の赤字空港の面倒を見ているような状況ではないでしょうか」

そして、そんな空港の赤字体質の弊害が、空港行政においてさまざまなところに表れているといえる。

全国の空港の赤字・黒字ボーダーラインを試算

その顕著な表れが、何度も述べてきた羽田の国際化とオープンスカイ政策の迷走である。それを改めて整理すると、国交省は地方空港救済のため、羽田の発着増枠分一〇万回を国内路線に振り向けようとして、国際路線に開放しない。その代わり、地方空港にオープンスカイ政策を適用し、アジア諸国との路線開放を推し進めてきた。地方空港は海外路線に活路を見いだそうと、オープンスカイの波に乗り、韓国や中国、台湾との路線の開通に懸命だ。関空や中部もしかりである。地方空港を開放するという限定版の日本のオープンスカイ政策が、それを後押しする、といった構図だ。

だが、どちらも行き詰まっていると言わざるを得ない。仮に地方空港が羽田と路線を結べば、赤字を解消できるか、といえば、決してそうとは限らない。たとえば、石川県にはこの先北陸新幹線が開通する。すると小松空港のドル箱である羽田路線の利用客が激減するのは間違いない。

将来的に減便などがあれば、その分羽田の発着枠に余裕が生まれる。何度も繰り返してきたが、むしろ国内路線は頭打ちなのだ。それでいて、空港の赤字をいまだ羽田路線で埋めようとする発想に無理があるのだ。

また、限定版オープンスカイ政策の弊害もある。コスト高と後背地マーケットの需要不足だ。観光利用なら多少の航空ニーズはあるが、着陸料が高いうえ、市場としてさほど魅力のない地方空港では、ビジネス需要は期待できない。地方空港のアジア路線については注目をされているが、空港経営という点では明るい未来が開けたとは言い難いのである。

日本全国の空港をつくってきた空整特会の見直しは、遅々として進まない。しかし、民間の航空会社は、そんな行政ののんびりした政策に付き合ってはいられない。

すでに航空会社は、独自に空港の経営状態を調べている。

「全国の空港について、赤字か黒字かという収支のボーダーラインを試算してみました。仮に滑走路の整備メンテナンス費用が毎年三億円から一〇億円ほどかかるとして、それを空整特会から補填してもらうと、年間一五〇万人の利用客でなんとか利益が出るが、もしそうでなければどうなるか、という結果を推論してみました」

ある航空関係者がそう分析する。

「通常なら、滑走路の整備メンテナンスなどは空港のランニングコストとして必ず必要なものですから、経営のなかで独自に賄っていかなければならないでしょう。ですが、多くの空港はそうはなっていません。こうした定常的な整備費を含めたコストを機体の着陸料など自らの収益だけで賄おうとする。すると、羽田や新千歳、伊丹の三空港以外は、すべて赤字に転落する。そういう結果が出てしまいました」

空港整備特別会計による補填がなければ、羽田、新千歳、伊丹の三空港以外は、赤字に転落するというのである。

地方空港の九割が「赤字」〇七年度、着陸料割引などで三月二十八日、共同通信社はこう題した記事を配信した。

地方自治体が管理する五八空港のうち約九割に当たる五三空港が二〇〇七年度、着陸料などの収入では空港の管理運営に必要な費用を賄えない「赤字」だったことが二十八日、共同通信の調査で分かった。「黒字」は神戸などわずか五空港だった

通信社が自治体に聞き取り調査した結果をもとに作成された記事だというが、実際はもっと深刻かもしれない。

効果があがらないマルチ空港化構想

一枚の航空チケットで、異なる空港から自由に発着できる——。「マルチ空港化構想」という言葉をご存じだろうか。

たとえば往復チケットで、行きは関空から羽田に向かい、帰りは伊丹で降りる。「関空、伊丹、神戸」という関西三空港を一つの空港とみなし、同一料金でチケット販売する。それがマルチ空港化構想であり、すでに関西三空港では運航されている。

関西三空港に続き、ANAが二〇〇八年七月から始めたのが「福岡、佐賀、北九州」の北部

九州三空港のチケット販売だ（JALは佐賀を除く福岡・北九州の二空港をセットにしている）。いわば、少しでも赤字路線を活性化させようという苦肉の策であり、それだけ地方空港の窮状が読み取れる。

閑古鳥が鳴く空港の大きな原因の一つには、空港同士が近すぎたり、新しい空港が不便なため利用されない、という問題がある。関空にとって伊丹や神戸空港は競争相手であり、利用客を奪われる要因にもなっている。そこで、マルチ空港化構想では、近隣の空港が競合するのではなく、お互いに利用しやすいよう相乗効果を生み出すべく、チケット販売をしているわけだ。が、現実には効果があがっているとは言い難い。

そんな関西三空港と同じような悩みを抱えている「福岡、佐賀、北九州」の北部九州三空港について調べてみた。

発着回数が日本三位の福岡空港も一〇〇億円近い赤字

三空港の中心は言うまでもなく、福岡空港である。人気路線の羽田—福岡便を擁している。福岡空港は旅客数で羽田、成田、伊丹に続く日本国内第四位。発着回数は三位という大空港だ。国内の空輸重要拠点の第二種A空港として、国が設置・管理している。管轄は国交省大阪航空局で、少しだけ空港単位の財務内容を公表してきた。

しかし、実はここも赤字なのである。手元にある二〇〇五年度の経営状態を見ると、空港歳入の一二五億円に対し、土地建物の賃借料八四億円をはじめ、環境対策費用や整備事業費といった歳出が、実に二二一億円にのぼっている。一〇〇億円近い赤字となっているのだ。

この福岡空港の経営上、最も大きな負担となっているのが、空港敷地の賃借料だ。これは、福岡空港がかつて米軍基地として使用されていたため、当時の地主がいまだ存在するからである。結局、賃借料の赤字分を延々とプール制の空整特会で埋めているのだ。

もともと福岡空港は米軍基地であり、一九七二年四月、基地の返還が実現し、空港整備法に基づいて国が管理運営する二種A空港となった経緯がある。空港の敷地には米軍基地時代の地権者がいた。その名残があり、いまも空港敷地の三二パーセントが私有地となっている。国が地権者から土地を借り上げ、空港運営をしてきたため、経営の足を引っ張っているのである。

「いわば、羽田の黒字分で福岡の土地賃借料を賄っているようなものです」（前出・航空会社幹部）

という辛辣な指摘もあるほどだ。これだけの大空港が赤字経営を強いられているのは、やはり国の失政と言うべきだろう。

ところが、それでいて路線そのものには人気があり、空港はいつも混雑している。羽田―福岡路線は、航空会社にとって国内で数少ないドル箱路線となっている。そのため、福岡空港の

2007年度の空港利用客数

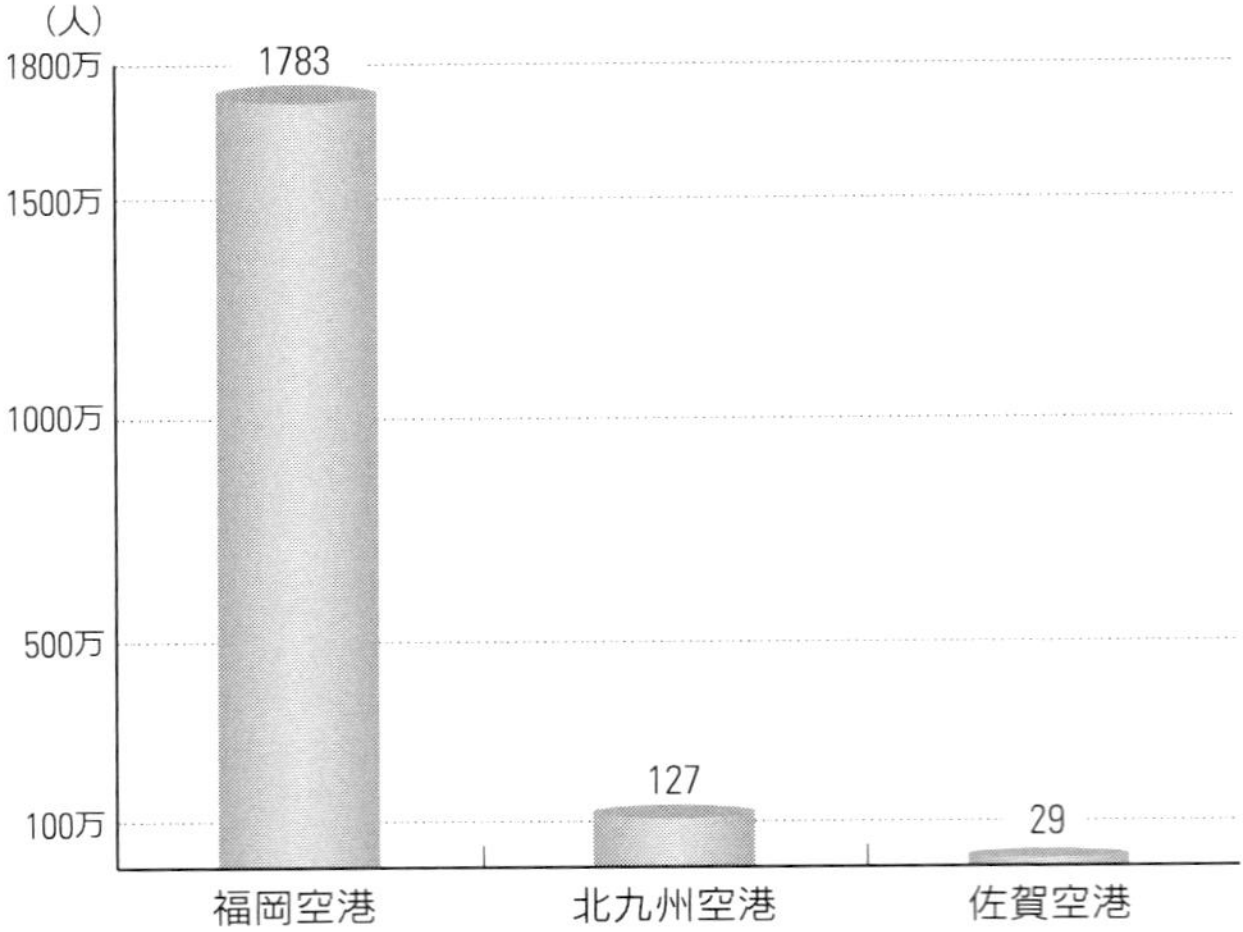

発着キャパシティは、常に目いっぱいであり、近い将来、パンクするといわれている。

福岡空港を所管する国交省大阪航空局によれば、〇七年の一七八三万人の利用者が、二〇一二年には一九九三万〜二一三五万人になると予測。発着回数については、現在の一四万回前後から一五万三〇〇〇〜一六万一〇〇〇回が必要になると見られている。

これに対し、いまの福岡空港の発着処理能力は、一四万五〇〇〇回しかない。現状のままでも目いっぱいといわれるのはこのせいだが、いまの空港施設のまま予想どおりに利用者が増えたら、需要に対処できないのは明らかだ。

国交省や地元自治体としては、そうならないよう、空港の発着不足を補わなければならない。そうして建設されたのが、佐賀空港と北九州空港という近隣の二空港だ。佐賀空港は一九九八年七月の開港、北九州空港は二〇〇六年三月にオープンしたばかり。いずれも、福岡空港から車で一時間圏内の近距離にある。

だが、その利用状況が惨憺たるものなのである。

二〇〇七年度の三空港の利用客を比較してみる。一七八三万人の福岡空港に対し、北九州空港は一〇分の一にも満たない一二七万人だ。この空港は建設にあたり国交省が「二八三万人」と需要を予測していたから、実際は需要予測の半分以下しか利用者がいなかったことになる。

さらに佐賀にいたっては、福岡空港のわずか六〇分の一の二九万人ほどしか利用していない。これも需要予測「七三万人」の四割以下だ。せっかく新しく建設した北部九州二空港はいつも閑散とし、大赤字なのである。

北部九州三空港のうち、福岡空港の赤字は、土地の賃借料支出という特殊事情があった。しかし、他の二空港については、利用客が少ないことが、運営の最大のネックになっているといえる。いわば空港経営の根本的な問題なのだ。飛行機が飛ばなければ、空港の着陸料収入がない。そのせいで、空港が赤字運営になっているという、ごく初歩的な経営問題を抱えているといえる。

日本の地方空港については、新幹線との競合関係により、これまで東北や北陸、中部、関西など、もっぱら比較的首都圏と近い地域の路線の窮状が伝えられてきた。東京から遠い九州や北海道などの路線ならびに空港については、ある程度安泰のように見られる傾向があった。が、現実はそれより厳しく、東京から遠く離れた九州の空港でも、赤字なのである。

福岡、北九州、佐賀という隣接する九州北部にある三空港が、そうした日本国内における地方空港の苦境を如実に物語っているといえる。

福岡空港のこんな近くに新空港が必要なのか

福岡空港と同じく、北九州空港は国が設置・管理している二種A空港であり、佐賀空港は県が管理運営する三種空港だ。これら九州北部の三空港を比較すると、実は空港としての規模が極端に変わるわけではない。

総面積三五三ヘクタールの福岡空港は、二八〇〇メートルの滑走路一本体制だ。対して、北九州の滑走路は二五〇〇メートル、佐賀は二〇〇〇メートルと福岡より短いが、いずれも滑走路一本体制の空港である。

が、先に見たとおり、こと空港の利用状況となると、福岡と残り二空港では格段に異なる。乗客数でいえば、北九州は福岡の一〇分の一にも届かず、佐賀はわずか六〇分の一程度なのだ。

「福岡空港のこんな近くに新空港なんか必要なかったのではないか」

と周辺から批判される始末だ。

なぜこうなってしまうのか。その点について、福岡空港を所管する国交省の武田洋樹・大阪航空局長に聞いた。

「そもそも全国に、なぜこれほどまで空港をつくったのか、という批判があるのは承知しています。地方自治体や政治からの要請もあって、都道府県の数より多い空港が建設されてきたのも事実です。ただし、離島の空港などを建設した結果、一つの県に複数の空港が存在しているところも多い。単純計算すると、日本には四七都道府県の二倍以上の空港がありますが、必ずしも一県に二空港というわけではないのです」

なにも、一つの県に複数の空港があること自体が、おかしいわけではない。離島空港のように、社会インフラである空港は、採算が取れなくても、必要とされる場合もあるだろうが、問題はそれより空港の建設計画が適切に立てられたかどうかである。

武田は、北部九州の三空港について、関空のようなひどい状態ではないと言う。

「福岡と北九州という福岡県内の二空港についても、なぜこのような空港をつくったのか、という疑問の声があるようです。しかしまず、理解していただきたいのは、北九州は新たに建設した空港ではないということ。もともと北九州には空港があり、それを移設した空港なのです。空港の埋め立てなどにかかる建設費用は、関門大橋の建設工事によって生じた残土を利用しているので、関空などと比べると、かなり低く抑えられています。とくに北九州は、いまでも福岡の補完空港としての役割を期待されているのです」

杜撰な空港建設計画で膨れ上がる赤字

昨今のアジア経済圏の拡大により、中国や韓国に近い福岡空港の航空需要は、確実に高まっている。近い将来、福岡空港が需要に対応できないキャパシティ不足に陥るのは、ほぼ間違いない。

この対策については、国交省をはじめ、福岡県や福岡市、地元の経済団体などのあいだで、ずっと議論されてきた。大阪航空局長の武田によれば、その結果、対策が三つに絞られてきたという。それが①新たな大規模海上空港の建設、②福岡空港の拡張による発着枠増、③北部九州三空港のネットワーク化、という方向性だ。

武田の言う「北九州空港は福岡空港の補完空港」は、③案をベースにした話である。福岡空港のキャパシティ不足をどう解決するか、という計画のなかの三番目の案だ。

ただし、どれも「帯に短し」で、しっくりこない。続けて、武田に尋ねる。

「三つの解決策オプションとして考えた場合、福岡空港そのものの滑走路の増設あるいは近隣空港の活用なら、二五〇〇億円から七五〇〇億円ぐらいかかるのではないでしょうか。一方、新空港の建設となれば、投資額は一兆円から一兆五〇〇〇億円が必要になります。北九州や佐賀のネットワーク化で補完する場合は、現存する施設を利用するので、空港関連の整備では、費用はかかりません。しかし、道路や鉄道などのアクセス面の改善が必要なので、その費用はかかります」

仮に①の新空港建設なら一兆円以上かかるうえ、新しく巨大空港ができれば、他の二空港はますます見向きもされなくなる。また②の拡張、③の交通整備でも、新たな滑走路整備や道路建設が必要になる。杜撰な空港の建設計画のせいで、同じところへまたしても税金の投入という事態について、国民が納得できるか。頭を痛めている。

福岡空港のキャパシティ不足を補う、という計画は、成田空港の国際線発着能力不足をどう補うか、という点と通じる部分がある。また、北九州や佐賀といった空港は、発着枠が余っている関空を抱える関西の三空港の状況にも似ているようにも思える。それらに共通しているのは、計画性の欠如ではないだろうか。

最大の問題は空港づくりそのものが目的化していることだ

税金を投じる以上、国民の理解が必要なのは言うまでもない。国交省は、国主導でものごとを進め、多くの禍根を残してきた成田空港のときの反省を踏まえ、地元で意見を統一してから、予算化などを含めた対応を取る方針だという。

「北九州の場合、海上空港ですから、騒音問題もない。二十四時間の運用が可能であり、国際線の発着には便利ではないでしょうか。佐賀空港は、年間の旅客が三〇万人にも満たないこともあり、貨物便に特化しようとしています。佐賀が福岡の貨物便を担えば、その分、福岡空港の発着枠にも余裕が生まれるのではないか、という発想です」

さらに大阪航空局長の武田が、こう説明する。

「利用者や住民がこれらの投資計画のうち、どれを選ぶかということになります。北九州空港にしても、佐賀空港にしても、確かに現状ではあまり使われてはいません。その利用頻度をどうあげていくか。そのためにどう工夫するかを考えなくてはなりません」

国交省や地方自治体としては、全国に一〇〇近い空港を建設してしまった以上、それらをできる限り効率よく運営していく以外にない。その立場や気持ちは理解できなくもない。

しかし、たとえば北九州空港は海上空港だ。それを福岡空港の補完空港として機能させるため、連絡橋として、新たな鉄道や道路を整備しなければならない。そのためには通常のアクセス道路より余計に費用がかかる。これは関空の状況と似ていないだろうか。

おまけに不便な海上空港を誰が使うだろうか。福岡県の西南地域の住民にとっては、不便すぎる。現状では、地元北九州限定の空港として利用されているにすぎない。それがいまの利用客の少なさに表れているのである。

住民の結論はすでに出ている。③案の「三空港を有効活用するための交通網整備」についてのアンケート結果は、「北九州、佐賀空港などとの連携などでは、抜本的な（福岡空港の混雑解消）対策となり得ない」としている。住民は、新北九州空港について、税金を投じてまで道路や鉄道を建設する必要はないという結論を突き付けているのだ。

なお、②案の空港の拡張にしても資金が必要なのは同じことだ。なにより、空港の拡張で済むのなら、「何のためにわざわざ新しく二つも空港をつくったのか」と非難が高まるのは必至だろう。

いずれも見通しが甘いといえば、それまでだ。が、なぜこんなことが起きるのかといえば、国交省や自治体にとって、空港づくりそのものが目的化しているからではないか。そこが最大の問題だろう。

空港は社会インフラであるがゆえ、本来、その設備や機能を最大限に活用しなければならない。と同時に、公共投資であるがゆえ、少しでも投資を回収しなければならない。それらが、真剣に議論されていないのではないだろうか。

佐賀と北九州という二空港についても、まず建設ありきで、活用策は後づけで考えられているように受け取れる。国交省が佐賀と北九州の二空港を福岡空港の補完空港として活用する、というスローガンそのものが、しょせん後づけの論理にしか見えないのだ。

唯一の優等生「能登空港」

空整特会というプール制会計により、これまで経営実態が明らかにならなかった日本の空港。多くの赤字空港は、航空会社への便数割り当てなど、国交省から発せられるさまざまな指導に頼り、辛うじて国内路線を確保してきた。

しかし、百歩譲って九州北部の二空港のように、供給の間に合わない空港を補完するとしても、それを利用する航空会社にとっては、機体の格納庫や整備部門など、新たな設備投資が発生する。そうしてまであえて新しい路線を開設するほど、昨今の航空事情は甘くはない。

二〇〇二年度から〇七年度までの六年間にさかのぼって国内路線の就航と廃止の状況を検討してみると、実は厳しい経営環境はずっと続いているのである。たとえば二〇〇二年度は、那覇—富山という新規の一路線が就航した。これに対し、廃止になったのは新千歳—山口宇部、福岡—秋田、関空—山形、広島—宮崎など一三路線にのぼる。

六年間トータルで見ても、新規の就航は三〇路線。対して四九路線が廃止されている。その間、〇五年の中部や〇六年の神戸空港の開港、〇七年の関空の第二滑走路の供用開始などが相次いだ。が、国内路線は逆に減少しているのである。

昨今の航空事情を鑑みるにつけ、国内路線の廃止傾向がますます強まっていくのは、間違いない。

しかもＪＡＬ、ＡＮＡという日本の二大キャリアは、国内路線の見直しだけでなく、国際線にまで路線のリストラを迫られている。

とりわけ経営再建中のＪＡＬでは、関空―ロンドン・ヒースロー線や中部―福岡線などについても、廃止する方針を固めた。一方のＡＮＡも、関西―札幌の減便を含め、国内だけで六路線前後を見直し、関空―グアムと中部―台北の国際線二路線を廃止する。

これらの路線見直しは、さらに国内赤字空港の経営を直撃するに違いない。空港経営がますますピンチに陥るのは自明だが、一年で二倍以上に跳ね上がった燃油高騰に代わり、世界同時不況の嵐が、この先さらに地方空港の経営の足を引っ張る。

地方空港は、場合によって廃港という選択肢を迫られる。そのくらい空港事情は逼迫《ひっぱく》しているのである。

ところが、そんな経営の一大転機を迎えている国内空港において、唯一の優等生と評価されている地方空港がある。石川県の能登空港だ。

石川県が管理・運営している二〇〇〇メートル滑走路一本の第三種空港である。県内には、防衛省が設置者となっている共用飛行場の小松空港があり、ここも一県二空港となっている。

だが、他の地方空港に比べ、利用者は格段に多いという。その理由は何か。

「能登鉄道が廃止され、陸の孤島と化していた地元輪島にとって、能登空港に対する地元の期待は、それは大きかった。知事の思い入れもあり、地元を挙げて空港を応援してきたと言えます。その甲斐あって、いまのところ羽田便の搭乗率もよく、なんとかうまく回っています」

漆塗りで有名な輪島商工会議所の里谷光弘会頭（里谷組社長）がこう自慢する。人口三万三〇〇〇人という過疎の輪島市は、街そのものが閑散としている。いまでも、年に五〇〇人ずつ人口が減っているという。能登空港は、地元の期待を背負って開港した。

「能登に続け」

いまでは、全国の地方空港がそんなスローガンを掲げるようになった名物空港である。

搭乗率七〇パーセントの秘訣とは

空港のオープンは二〇〇三年七月。定期便はANAのグループ会社、エアーニッポン（ANK）の羽田線が一日二往復しかない。が、全国の地方空港でも、類を見ない成功例だといわれる。その成功の理由は、搭乗率保証という奇策だった。目下、富士山静岡空港で物議を醸している制度だが、その性格はまったく異なる。

当たり前のことだが、航空会社は路線の就航をするにあたり、乗客がいるかどうか、がその決め手になる。搭乗率、つまり飛行機の全座席数に占める搭乗者数の割合をどのくらい確保できるか、という話だ。

そこで石川県は、ＡＮＡの就航に際し、搭乗率の七割達成を条件として提示した。いわばニンジンをぶら下げて路線を誘致したのである。前代未聞の誘致策と言える。

そうして約束どおり、初年度の搭乗率は七〇パーセントを超えた。以来、ずっと順調に利用客を確保し続けているという。

そんな能登空港成功の秘訣について、石川県の谷本正憲知事に聞いた。

「能登半島には年間七〇〇万人の観光客が訪れます。観光は地元にとって貴重な産業です。しかし反面、半島なのでなかなか行きにくい。とくに従来の小松空港を使って東京から能登へ行くには、六時間もかかります。帰りも六時間かかるとなると、なかなか来てもらえません。首都圏から観光客を呼ぶためにはどうすればいいか。それには空港を建設するしかなかったのです」

東京の人間が金沢に近い県内の小松空港に降り立ち、そこから能登を目指すには、バスで向かうか、鉄道しかなかった。それだとあまりに不便である。

そのため、能登半島を訪れるのは、関西の観光客だと相場が決まっていた。その関西は長らく景気の低迷にあえいで観光どころではない。そうして能登は寂れ、年々人口が減っていったという。

そんな典型的な過疎化を打開しようとしたのが、能登空港建設の目的だと、知事の谷本は話す。一九九四年三月、自治官僚から石川県知事に転身。すでに四期目になるベテラン知事だ。

能登空港は知事就任二年後の九六年、第七次空港整備五カ年計画に基づいて国交省が推進しているが、谷本にとっては十年以上かけて計画、立案し、実現させた空港と言える。

「しかし、空港ができたからといって、航空会社が飛行機を飛ばしてくれるか、といえばそうではない。これまで、航空便の路線は国交省の認可制であり、空港をつくれば飛行機が来てくれるというような考え方があった。それが届出制になり、参入も撤退も自由になった。そこで当初、全日空は一日一往復便の就航に抑えたいという意向にとどまっていました」

谷本は、空港の話となると、とくに熱が入るという。

「だが、一往復便だけだと関東からの日帰りはできない。どうしても二往復便ないと、首都圏の利用需要に応えられないと考えました。それで二往復便を飛ばしてもらうにあたり、考えあぐねました。結果、全日空に搭乗率の保証を提示したのです。路線が赤字になれば、それを全部全日空さんに補塡してもらおうとは思いません、とね」

約束した搭乗率を達成できなければ、航空会社の赤字分を補塡するという画期的な提案は、ここから生まれた。谷本が次のように続ける。

「全日空からは、初め八〇パーセントの搭乗率を要求されました。そんな数字は日本中の空港を探しても見当たらない。目標が高すぎ、努力しても無駄だと言っているのと同じです。それではやる気をなくしてしまう、と反論したところ七〇パーセントに下げてくれました。それでも高いけど、全国で五、六の空港が七割を超えていたので、ハードルは高いけど、受け入れようとなったのです」

谷本知事はさらに条件を加えた。

「そのとき、七〇パーセントを下回れば五五パーセントまでは税金で負担する、代わりに七〇パーセントを超えたら、販売促進協力金をください、と提示したのです。すると、全日空はすんなり受け入れてくれたのです」

ＡＮＡにとっては悪い話ではないが、実現は難しいと考えていたフシもある。

だが果たせるかな、一年目の搭乗率は七九・五パーセントを達成する。結果として石川県はＡＮＡから販売促進協力金として、一億円を受け取ったという。

乗り合いタクシーの導入で利便性を高める工夫

搭乗率保証制度については、二年目が六三パーセント、三年目を六四パーセントと、毎年更新されてきた。それも、ずっとクリアしてきた。

「予測と実績がこれほどかけ離れた経験は初めてだと、全日空の山元（峯生）社長（当時）からお褒めいただきました。搭乗率保証は今年（〇八年）で五年連続達成します」

谷本知事はそう胸を張る。

国内路線における航空会社の採算分岐点は、およそ六〇パーセントとされる。それをクリアしてくれれば、航空会社にとっても御の字なのだが、なかなかそうはいかない。実際、昨今のように、採算割れし、惨憺たるありさまのなかで廃止や減便を検討している路線は少なくない。たとえば関空発では、〇八年五月の関空―松山、関空―高知のANA便などが四〇パーセントを切り、同年四月のJAL関空―秋田、関空―仙台便にいたっては三〇パーセントを割っている。

むろん、こうした赤字路線は全国の空港で珍しくもない話だ。にもかかわらず、能登空港だけが、なぜこれだけの高い搭乗率を保てたのか。その理由について、再度、知事の谷本が説明する。

「まずは空港の利便性を高めるための工夫をしました。たとえば空港のアクセス手段として、乗り合いタクシーを導入しました。一〇人乗りのワゴン車を五台、タクシー会社に頼んで用意し、飛行機の乗客を空港から輪島や、加賀屋で有名な和倉温泉に運んでいます。運賃も格安です。空港から和倉に行くには、タクシーなら一万四〇〇〇円くらいかかるはずだけど、一三〇〇円で済む。これを〝ふるさとタクシー〟と命名しました。ふるさとタクシーの路線では、ときに赤字も出ますけど、その分は先ほどのANAの販促協力金で埋める。そうして空港の二次交通を確保しました」

企業セミナーを誘致し、生涯学習センターを設置

知事は、輪島商工会議所をはじめとした地元企業に首都圏との交流を働きかけたとも言う。輪島塗の展覧会を東京で開き、東京の企業セミナーを能登半島に誘致してきた。そうした地道な努力の結果、東京から能登半島に訪れる人が増えてきた面もある。

「といっても、一日二往復便だけだと空港ターミナルそのものは閑散としてしまう。それでは寂しいし、空港にレストランを誘致しようとしても、なかなか来てくれない。そこで、ビルに人が常にいるようにするため、県の出先機関をターミナルビルに常駐させることにしました。ビルを四階建てにし、能登半島にちらばっている三〇〇人の県職員を集約させたのです。つまり、空港ビルを能登全体の県の拠点にしようとしたのです。と同時に、レストランや喫茶店も繁盛し、ターミナルビルとしての体裁も整う」

谷本の話は続く。

「ターミナルビルについて、最初の設計案は二階建てだった。だが、それではスペースを保て

ない。そこでビルには二五〇億円もの投資をして大きくしました。で、せっかくそれだけの税金を使って設備を作るのだから、有効に機能させなければならない、という発想からスタートしたのです。いま、北陸エアターミナルビルの専務をしている岡田（靖弘）君などが中心になり、熱心に計画を進めていきました」

北陸エアターミナルビルは、小松空港のターミナルを運営している。岡田専務は一九九一年以降、石川県の交通対策課課長として能登空港の整備に携わり、空港の候補地選定から用地の買収交渉、国交省や財務省との予算交渉、ＡＮＡとの搭乗率保証問題などで奔走した。空港計画の実務における中心人物だ。

「ターミナルビルへの出先機関の入居は、県庁の合理化と関係しています。ちょうどそのとき地元の土建事務所が古くなって建て替えようかなという時期で、タイミングが非常によかったのです。そこで県土木事務所の統合案が持ち上がった。地方空港で寂しいのは、飛行機を降りるときはお客様がいるけど、そうでないときはガランとしていること」

岡田が言う。

「能登はチャーター便を含め、最大で三往復便しかないので、離着陸時以外はほとんど人がいなくなる。それではだめだということでね。生涯学習センターが四階にあるのですが、そこでお花の教室とか、料理教室とかをやっている。能登空港の利用客数は年間一五、六万人ですから、空港職員は七〇人ぐらいで用が足りる。それでは寂しいですからね」

住民参加型のコミュニティを

つまるところ、空港を有効利用する、という発想の転換が大切なのだという。できる限り空港を利用することによって活気が生まれ、空港の利便性が高まり、利用客も増える。そのほか、能登空港では広大な敷地を利用し、山梨県の学校法人「日本航空学園」を誘致している。

同校は中学校から高校、大学まである航空関係の学校法人であり、全国から生徒が集まって寮生活を送っている。輪島市に日本航空第二高等学校と日本航空大学校が開校した。知事を喜ばせているのは、学園の開校で、過疎の町に多くの若者が移り住んできたことだ。

「実は、航空学園に関してはほかの空港も誘致をしていて、私どもはむしろ最後発だったのですが、新しい空港だという点が幸いしました。敷地内に実習用の格納庫を置き、そこから滑走路に出て実習できるよう、施設を整備したのです。結果、教師と生徒さん合わせて一〇〇〇人の若者がこの地域に住み着いた。おかげで、輪島市は三十年ぶりに人口が増加し、過疎化対策にもなっています。先のターミナルビルを含め、空港経営といっても画一化した発想ではなく、多面的に使わなければならないのではないでしょうか」

空港だけではなく、人が集まるコミュニティづくりが重要だ、と知事の谷本は力説する。

「空港経営は、やはり航空会社としっかり話し合わなければならない。航空会社は民間の企業なので、お互いが納得しなければ路線を維持できません。航空会社は採算を取るために全力を尽くすのだから、単に、路線を撤退しないようお願いするだけでは無理。一番大切なのは、空港が航空会社と問題意識を共有するということです」

そして、こうも話した。

「能登空港の計画で私はそれを学びました。JALが小松―ソウル線を撤退するというなら、それは仕方ない。代わりに大韓航空に就航してもらう努力をすればいいのです。航空の世界の国際化は必然的な流れであり、それは止められません。そのなかで、航空会社と問題意識を共有し、路線を維持する。それができなければ、空港そのものが成り立っていかないのです」

石川県の谷本知事は、空港が路線を維持できなければ廃港にする以外にないとも言う。単体の収支で考えた場合、一日二往復便の能登空港といえど、厳密には赤字だろう。だが、文字どおり空港の役割は営利追求だけではない。

空港は、まさしく地域の活性化を含めた空の輸送という社会インフラや交通手段としての役割を担っている。その点を考えれば、間違いなく能登空港は成功例と言える。ただし、それは懸命の努力と経営の創意工夫が下敷きになっている。

第六章 激変する世界の空

日本より一歩先へ——タイの空港戦略

空港容量に制限のある我が国の首都圏空港を除き、日タイ相互に乗り入れ地点及び便数制限を廃止し、航空自由化を実施した。我が国がこのような航空自由化に合意したのは韓国に次いで二カ国目となる

（国交省のホームページより）

二〇〇七年十一月、日本とタイの航空当局が、一定の自由化協定に合意した。このあたりから日本の地方空港と海外との路線開設が活発になっていく。

激化する国際競争のなか、本格的なオープンスカイに踏み切れない国交省は、これを地方空港の生き残り策としてきた。相手国は、もっぱらアジア諸国だ。なかでも昨今、日本企業の進

出が目覚ましいタイは、日本の航空政策にとって、重要な相手国といえる。

タイといえば、二〇〇八年秋に起きたデモ騒動による政権交代が、記憶に新しいところだろう。かつてのタクシン元首相を支持してきた与党「国民の力」党（ＰＰＰ）に対し、民主主義市民連合（ＰＡＤ）が反旗を翻した政変劇だ。ＰＡＤに扇動され、反タクシン派のデモ市民が、スワンナプーム国際空港に座り込んだ。空港は黄色いＴシャツを着たデモ隊一色となる。その光景が、テレビ画面に何度も流れた。

政変劇はみごと成功し、民主党のアピシット党首が首相の椅子に座った。すると、今春にはタクシン派が巻き返す。タクシン派の赤いＴシャツとアピシット派の黄色いＴシャツが入り乱れ、騒動はいまもおさまっていない。

当初アピシット派の黄色いデモ隊がスワンナプーム空港に座り込んだのは、ここがタイにおける政治権力のシンボリックな場だからにほかならない。タイにとって、空港はそれほど重要な意味を持つ。

オープンは二〇〇六年九月二十八日。スワンナプーム空港は、首都バンコクの中心部から東へ三〇キロほど離れたサムットプラーカーン県ノーングハオという地にある。バンコクから車で一時間ほどしかかからない便利な空港だ。

スワンナプームとは、サンスクリット語で「黄金の土地」を意味する。これまでタイの国際基幹空港だったドンムアンに代わり、東南アジアのハブ空港を目指してきた。アジア最大規模の本格的国際ハブ空港を建設したタイの空港戦略は、日本より一歩先んじている、と評価する航空関係者は少なくない。

オープンから二年近く経過した〇八年五月、この空港を訪ねた。

規模でも成田を凌ぐ。さらなる拡張計画も

出発ロビーの中央にある巨大な黄金の仏像が、利用客を見送る。スワンナプーム空港の特徴は、まずその規模の大きさである。

敷地面積三二三七ヘクタール。実に成田空港の三倍にあたる。現在、四〇〇〇メートルと三七〇〇メートルの二本の平行滑走路が整備され、そこから旅客・貨物機が飛び立つ。ターミナルビルの北側にそびえるコントロールタワーは世界一の高さだ。一三二メートルの円形ガラス張りの管制塔が、空港のランドマークになっている。二十四時間眠らない国際ハブ空港である。

旅客ターミナルビルは、乗り継ぎが同じビル内でスムーズにできるワンルーフタイプ。単一施設としては世界最大を誇っている。地下二階、地上七階建ての建物だ。

また、旅客用のボーディングブリッジ（搭乗棟）は、A380（エアバス380）の二階部分に直接装着できるように設計されている。A380は、エアバス社が大量輸送時代に備えて

開発した総二階建て世界最大の航空機だ。最近の国際基幹空港には、このA380の離発着できる規模と施設が不可欠だといわれる。

スワンナプーム空港が注目されているのは、そうした世界基準を満たした空港だからだ。現在の施設には、年間四五〇〇万人が利用できるキャパシティがある。

開港一年目の利用状況は四一八四万人、と早くも処理能力の九三パーセントに到達。オープン当初、巨大なターミナルビルのせいで「トイレの場所が分からない」「使い勝手が悪い」などといったクレームやトラブルが相次いだ。しかしその割りには、利用客は減っていない。ちなみに、成田空港の利用者は三五〇〇万人（二〇〇六年度実績）。利用客の数だけを比べたら、優に成田空港を凌いでいることになる。

スワンナプーム空港を経営するタイ空港株式会社（AOT）のサラジット・サラポルチャイ副社長を訪ねた。

「空港運営にとって、東南アジア諸国は地理的に有利な位置にある。欧州の玄関口になりうるからです。実際、日本からタイでトランジットし、欧州に向かう空港の利用客も多い。そのため、東南アジアの空港は、どこもハブ空港を目指すと宣言してきました。スワンナプームも十五年前の設計段階から、そう申し上げてきました」

サラジット副社長はそう話す。

「そのなかでも、タイはとくに地理的な優位性を発揮できます。よくシンガポールのチャンギ空港と比較されますが、たとえば日本からバンコクを経由して欧州に向かう場合、こちらのほうがシンガポールより一時間半以上時間を短縮できます。それだけ恵まれているともいえます」

タイは国際競争力を持った空港の規模という点では、日本より一歩も二歩も先を歩いている。しかも、さらなる拡張計画もあるというから、ずいぶん進んでいるように見える。

「われわれはシンガポールとは競争しているのではありません。お互い東南アジアの空港として共存していこうというのが、基本的な考えです。おかげさまでスワンナプーム空港の容量は、旅客数の面からすると、すでに限界の状態です。そのため、一部の路線をドンムアン空港に移しています。こうした状況もあり、空港整備計画の第二フェーズとして、二〇一四年までに六〇〇〇万人が利用できるよう拡張する予定です。第三滑走路を建設するほかターミナルビルの増設、大型飛行機のための二八カ所のサテライトを整備していきます。計画内容を内閣に申請し、着工に入ります」

ＡＯＴは株式を上場している民間の株式会社だ。民営会社だけに資金計画も立てやすい、とサラジット副社長は言う。

「空港の民営化や上場は、英国にならってタクシン政権当時におこなったものです。空港建設を念頭に置いて上場しました。建設費用に一二〇〇億バーツ（〇八年当時約三八六四億円）ですが（注・総工費は一五五〇億バーツ）、そのうち自社で五〇〇億バーツ（約一六一〇億円）を調達し、残りの七〇〇億バーツは日本のＪＢＩＣ（国際協力銀行）から資金手当てしました」

サラジット副社長はこう続ける。

「上場時には、自己調達資金の三割に当たる一五〇億バーツ（約四八三億円）の資金を株式市場から得ています。残りは会社の剰余金で賄っていますから、タイ政府の資金は使っていません。第二フェーズについても四割を自己調達し、六割を借り入れで賄う予定です」

ＡＯＴでは、土地などを国から賃借し、滑走路とターミナルビルを一体運営している。収入の六割が着陸料などの使用料で、ターミナルビルの運営収入が残り四割を占める。第二フェーズの増設後は、ターミナルビルと空港の収益を同等にしていくというから、ずいぶん経営を助けているといえる。キャパシティが限られている日本の首都圏空港に比べ、スワンナプームは、自由度も高く、まだまだ発展の余地があるようにも受け取れる。

政情不安というスワンナプームの弱点

しかし、課題もある。政情不安による政策の変更だ。

タイではここ数年、政変が目立つ。〇六年九月の軍事クーデターがその端緒である。このとき、タクシン首相から元陸軍司令官のスラユット・チュラノン暫定首相に政権が移った。そこから〇八年一月に民政に復帰する。すると、タクシン派のサマック首相が政権の座についた。いきおい反タクシン派の不満が募っていく。それが〇八年十一月のクーデター騒動に発展したと見られている。

そして、そんな政情不安が、航空行政に暗い影を落としてきたのだ。

前述したようにスワンナプーム空港の建設は、タクシン政権下で進められてきたプロジェクトだった。それまではドンムアン空港がタイにおける国際基幹空港として機能してきたが、タクシン政権の下、空港機能を集約させるため、スワンナプームの開港時、ドンムアン空港は閉鎖された。

奇しくも〇六年、最初の軍事クーデターが起きタクシン政権が倒れたのは、新空港のオープンとときを同じくする。

軍事クーデターの結果、元陸軍司令官のスラユット暫定首相はタクシン政権時代の政策見直しに着手する。そこで、かつての国際基幹空港であるドンムアン空港を復活させたのである。

クーデターの半年後にあたる〇七年三月二十五日、ドンムアン空港が再開される。以来、タイでは、首都バンコク周辺に、スワンナプームと古いドンムアン空港を併用してきた。これが航空会社にとって、頭の痛い問題になるのである。

本来、スワンナプームはタイの首都圏空港として、国内国際路線を一手に担うべく、プロジェクトをスタートさせた。だからこそ、ドンムアンを廃港にしたのであり、それに見合うだけの、世界レベルの巨大空港といえる。だが、政策の変更により、この航空戦略は崩れ、二つの空港の併用という事態になっている。それがどう影響しているか。先のAOTサラジット副社長にこの点を尋ねてみた。

「スワンナプームは人気がありキャパシティいっぱいになった。だからスワンナプームの容量不足を補うため、ドンムアンを復活させ、路線を移したのです」

が、そうとばかりも言い切れない。なにより航空会社にとって、こうした空港機能の分散化政策では経営効率がよくない。日本の首都圏空港が成田と羽田に分散されているのと同じ状況だ。

基幹空港の機能分散という点について、タイの航空会社は、どうとらえているか。

「ドンムアンの復活は、新空港のオープン直後に起きた苦情やトラブルを理由にしています。しかしハブは本来、国内線と国際線を集約した拠点空港とならなければなりません。スワンナプームは、その機能をいまだ果たしていないといえます。それは、政府が国内路線空港として、ドンムアンを復活させたからにほかならない。国内と国際で基幹空港が二つに分かれているのは、航空会社にとってとても非効率です」

タイのナショナルフラッグキャリアであるタイ航空（TG）のパンディット・チャナパイ副社長は、そう指摘する。

ハブ空港の肝はどれだけスムーズに乗り継ぎできるか

いったん廃港になったドンムアン空港が、再び国内空港として再開されたタイの現状は、「成田は国際、羽田は国内」という日本の政策を考えるうえで参考になる。

「航空会社にとって、空港機能が分散するのは歓迎できない」

パンディットTG副社長が指摘する。

「空港を選ぶのは利用者ですが、われわれはその客引きの役割を担っています。すでにわれわれはスワンナプーム空港だけで路線を運航する体制になっていたため、大変でした。たとえばドンムアンは、飛行機の格納庫などを閉鎖していたから、それを改めて開かなければならなかった。空港の利用としては、やはりワンルーフが理想です。一つのターミナルに国際線と国内線の両方があれば、乗り換えも便利ですし、航空会社にとっても顧客を受け入れやすい。チェックインカウンターなど設備を集約し、利用客への対応体制を取りやすいし、パイロットや警備クルーなどの人材管理も一カ所でできる。ハブ空港は、到着したお客様をいかにしてほかのところへ運べるか、という点が重要です。だから、ハブ空港のコンセプトはワンルーフが基本です」

進化しているように見えるタイも、政変にともなう政策変更に翻弄され、なかなか前に進んでいないようだ。行政側にいるタイ政府航空局のウティチャイ・シンハマニー副局長に、空港の分散問題について尋ねた。

「確かにタイ航空は、窮屈に感じているでしょう。国内線を利用するために違う空港を使わなければならないのですから。しかし、国内線と国際線で二つの飛行場を使っている国は少なくありません。日本では羽田と成田もそうなっていますね。それは、現状では仕方ありません。大切なのは、どれだけスムーズに国内線と国際線がコネクションフライト（乗り継ぎ）できるかという点でしょう。そのため、国内へ乗り継ぎするフライトだけは、スワンナプームを利用できるよう路線を許可しました」

タイの政変は、日本のそれとは比較にならないほど激しい。日本は安倍晋三から福田康夫、そして麻生太郎と首相がコロコロ代わっているが、しょせん自民党というコップのなかの争いにすぎない。

いまの航空行政の体たらくについては、安倍政権が倒れ、改革の機運が削がれたからだという解説もある。が、本質的にはそうではない。政府が過去の政策の失敗を認めず、政策転換できないだけではないだろうか。

翻って、タイの政策は対症療法的だ。政府は、前政権の政策を踏襲するわけにはいかないという政治判断により、航空政策を逆戻りさせている。それがドンムアン空港の復活だという見方がもっぱらだ。政権の安定しないタイでは、まだまだオープンスカイに向け急激に舵を切ろうとはしていない。それも事実だ。

低いコスト体質の空港という絶対的な強み

だが、日本より政情不安定なタイは、むしろ日本より世界の変化に対応できるように思える。日本との決定的な違いもある。それは、その気になれば航空の自由化を進められる基盤ができていることだ。スワンナプーム空港が第二フェーズ、第三フェーズと拡張計画が進めば、東南アジアのハブ空港として十分機能するに違いない。しかも、タイの強みはそれだけではない。

第二フェーズの投資総額は、八〇〇億バーツ（約二五七六億円）にすぎない。日本の空港に比べ、格段に投資額が小さいのである。二兆円以上かけても、まだ第二滑走路の周辺施設すら完成していない関空と比べると、雲泥の差だ。

繰り返すまでもなく、投資額が小さい空港は、着陸料などを低く設定することができ、路線の誘致にも有利だ。低いコスト体質の空港という強みがあるのである。国際空港競争におけるタイの優位性は、やはり揺るがない。

そんなタイにとって、逆に日本の空港はどのように映っているのだろうか。前出のタイ航空（TG）パンディット副社長に、日本の空港のなかで、どこに魅力があるか、ずばり聞いてみた。

「それはまず成田空港でしょう。現在、成田では、全日空（ANA）のある第二ターミナルの南ウイングを拠点にし、スターアライアンスブランドで運航しています。われわれもスターアライアンスの一員として、成田と路線を結んでいます。しかし、できればまだまだ路線枠がほしい」

日本に数ある地方空港についてはどうか。

「われわれは成田のほか、大阪、名古屋、福岡の各路線を運航しています。当社としては、日本ではこの四空港で十分です。タイのLCC（ローコストキャリア）であるバンコク・エアウェイズは、広島との路線を開設しました。しかし、採算が取れるかどうか。われわれは先の四空港以外に興味ありません」

国交省がいくら地方空港を開放しても、海外の航空会社は意外に冷ややかに見ている。そう言う以外ない。

飛躍的に業績を伸ばしてきた韓国の仁川空港

成田空港から二時間半。韓国・ソウルの仁川国際空港は、東京から最も近い海外の窓口である。二〇〇一年三月のオープン以来、飛躍的に業績を伸ばしてきたといえる。

海運の世界で、かつて世界一を誇ってきた日本の座が韓国釜山港に奪われたように、仁川空港が空輸貨物の取扱量で成田空港を抜き去り、いまや世界二位に躍り出ているのは知られている（105ページ参照）。と同時に、旅客路線も年々拡充してきた。仁川空港は成田にとって、最も手ごわいライバルと評される。

ソウル市内から西へ五二キロに位置する。永宗島《ヨンジョン》と龍遊島《ヨンユ》の間の浅瀬を埋め立てて整備された二十四時間空港だ。空港の敷地面積は一一七四ヘクタール。〇八年六月、三本目の滑走路が供用されたばかりである。

おかげで、三〇〇〇万人程度だった空港利用者の処理能力は、四四〇〇万人に増えた。発着能力は、二四万回から四一万回へと大幅にアップしている。その処理能力は、成田どころではなく、二〇一〇年に再拡張されたあとの羽田空港並みだ。先のタイ・スワンナプームより、さらに一歩進んだ国際基幹空港といえる。タイに続いて韓国の仁川空港を訪ねた。

「韓国の人口はさほど多くありません。国の規模も大きくないため、国内の航空需要による空港のハブ化は難しい。そのため仁川空港については、海外に門戸を開いたアジアのハブ空港として育成しようとしてきました。とりわけ、日本や中国といった周辺国において、国際空港として中心的な役割を果たせるよう、空港を拡張してきました」

日本の国交省にあたる韓国国土海洋部の金湘南道課長は、こう胸を張る。

「また、海外の航空会社により多く就航してもらうためのハブ化対策として、とくに空港の着陸料を低く抑えています。着陸料を安くすることにより、（海外空港との）路線のネットワークが構築され、乗客の利便性が高まる。仁川からフィンランドのヘルシンキ空港やニューカレドニアなどへの新しい路線も開拓してきました。航空当局、空港公社、航空会社が、三位一体になって仁川空港の発展を支えていると自負しています」

アジアの玄関口として三年連続満足度世界一

韓国は、アジアの中でもとりわけ積極的にオープンスカイ政策に取り組んできたといわれるが、その象徴が仁川空港だという航空関係者は少なくない。そんな行政の努力が実ったのだろう。仁川空港は、世界の空港の会員組織であるＡＣＩ（国際空港評議会）がおこなう「空港満足度調査」で、三年連続世界一に輝いている。

「目下、アジア太平洋地域の各国の空港は、拡張競争のような様相を呈しています。そのなかで、韓国は北東アジアの航空強国になるべく、仁川のハブ化を進めてきました。政府としては、発着頻度を高めるため、公的資金を投入。そのうえで航空国際会談を年間三〇回開催し、相互補完的にネットワークづくりを支援しています。結果、仁川空港が世界最優秀空港に三年連続選ばれたのだと思います」(国土海洋部の金課長)

この仁川空港で最も多い利用者が、日韓路線の乗客だ。二番目が韓中路線となっている。二〇〇七年実績で見ると、日韓路線の利用者が九六〇万人、韓中路線が九三〇万人。それだけ、日中韓という極東アジア三カ国の間の往来が盛んにおこなわれてきた証左といえる。

利用者が多い路線は、それだけビジネスチャンスがあるという意味でもある。たとえば欧米から成田にやって来たビジネスマンが、次にソウルを目指す。また逆にソウルに来た米国人が成田に向かう。

そんな人やモノの流れにおいてアジアの拠点をどこに定めるか。そこが、いわゆるゲートウエイ(玄関口)となる。そうして、この三カ国の間で、アジアのゲートウェイ争いが展開されてきたのである。

いままでは、過去の欧米路線の実績により、成田空港に一日の長があった。その一方、将来性という点から見ると、仁川空港や上海の浦東がはるかに勝っている、と軍配をあげる航空関係者も少なくない。

とりわけ仁川空港は、空港の規模や立地条件、政府のバックアップ体制など、国際ハブ空港としての機能を備えていると評価が高い。実際にこの数年、日本の地方空港も続々と路線を開設。中国の上海や香港の国際空港と並び、東アジアのハブ空港としての地位を固めつつあるともいわれる。

都心部からのアクセス問題という死角

もっとも、そんな仁川空港にも死角はある。一つは都心部からのアクセス問題である。

「やっぱり金浦空港のほうが都心に近いので便利。特に日本に行くときは金浦—羽田を利用する」

街を歩くと、そう話すソウル市民は珍しくない。日本に譬えるなら、成田と羽田のような関係のようにも見えるが、韓国の空港事情は日本とは少し異なっている。

国土が狭く、人口の少ない韓国の航空界は、どうしても国際線がメインになる。前述したように、その韓国の国際線は、日韓、韓中といった近距離路線が、中核を担っている。近距離路線の場合、ソウルの中心地からより近い金浦空港のほうが仁川より有利である。

実際、日本からソウルに向かうとき、飛行機の搭乗時間が、車で都心から成田に行く所要時間と同じ二時間、という不満は、誰しも体験したことがあるのではないだろうか。それと同じで、韓国でも仁川より金浦の人気が高いのである。このあたりの事情をアシアナ航空に聞いてみた。こう話す。

「ソウル―東京路線は爆発的な需要がありますから、金浦路線、仁川路線ともにロードファクター（有償搭乗率）は高い。予約段階で一〇〇パーセント、実際の搭乗率でも九〇パーセント以上ありますから、路線としては非常に魅力的です。しかし、とりわけビジネス需要は、金浦に集中します。逆に仁川―成田路線はグループ利用と個人利用が半々で、観光目的がけっこう多い。ビジネス利用と観光路線では、運賃にして四万ウォン（〇九年四月時点のレートで約二八〇〇円）ほどの格差があります。そういう事情もあり、航空会社としては、やはり収益性の高い金浦路線のほうがより魅力的なのです」（朴東勉・営業企画部次長）

日韓路線なら、ソウル・東京間の日帰り、というビジネスマンの空港利用客も少なくない。ソウルでは自動車の渋滞が酷《ひど》いが、金浦までなら一時間足らずで行ける。〇七年三月に開通した地下鉄に乗ると、金浦まで三十分だ。だが、仁川になると一時間半から二時間近くかかる。そんな空港までのアクセス事情もあり、ビジネスマンの金浦人気は依然高いのである。

中国の価格ダンピングと以遠権に頭を悩ます

東アジアのハブ空港を目指すというスローガンを掲げているとはいえ、周辺国の空港との接続で仁川空港が機能しているかといえば、現時点ではそうでもない。韓国政府は、日本や中国と自由化交渉を進めてきたが、それはまだまだ限定的でしかない。日本と仁川とを結ぶ路線も羽田以外。その他多くの地方空港との路線開設に限られている。

地方空港の開放のおかげで昨今、急増した日韓路線では、その八五パーセントが単純往復である。つまり、トランジットなど二次需要は一五パーセントにとどまっている。この部分だけを見れば、まだまだ本格的なハブ空港とは呼べないだろう。

また、韓国政府は中国政府と限定的なオープンスカイ協定を結び、山東省や海南島との路線を仁川空港へ誘致してきた。実際、中国国内との地方路線の数は増えている。が、実は韓国の航空会社には、中国と路線開設をしたことによる悩みも生じている。前出したアシアナ航空の朴東勉・営業企画部次長が打ち明ける。

「最も頭が痛いのは、中国のＬＣＣ（ローコストキャリア）による価格のダンピングです。中国東方航空の仁川—上海便などは、韓国系の航空会社によるこれまでの三五万ウォン（約二万四五〇〇円）を一〇万ウォンに下げてきた。さらに大連便では、一五万ウォンが八万ウォン。従来の三分の一から半分くらいの価格です。韓国系の航空会社だと、これでは赤字が出てしまいますから、とても運航できません。価格競争では勝負になりません。こちらはあくまでサービスの質の違いで対抗していますが、やはり競争は厳しくなっています」

韓国政府が描く仁川空港のハブ化構想は、「日本や中国から仁川空港を経由して欧米へ」というネットワークだ。しかし現状では、以遠権の問題が発生するため、それはできない。

仮に日本や中国の航空機が、仁川空港経由で欧米へ向かうとする。その乗客の三分の一が仁川空港で降りるとする。そのまま欧米へ向かうと、三分の一が空席のままになるから、降りた乗客の穴を埋めなければならない。つまり、仁川から新たな乗客を乗せたい。第三国へ向かう途中で、乗客や荷物を積み込んで航空機が飛ぶ権利を以遠権という。

しかし、日本と韓国の航空協定では、これを認めていない。そのため、仁川がハブ空港として使えないのである。日本の地方が仁川路線を設置しても、同じ航空機でそこから先の欧米などへ向かうことはできない。韓国はオープンスカイに舵を切っているとはいえ、それはまだ緒についたばかりであり、これからの政策次第といえる。

だが反面、日韓のあいだで以遠権が認められたらどうなるか。仁川はハブ空港としての能力を備えている。が、成田にはそれがない。

日本の地方空港との路線開設は依然様子見

一方、日韓の航空交渉の結果、近頃、大韓航空やアシアナ航空といった韓国の航空会社が、仁川空港と日本の地方空港との路線を開設してきた。それを赤字にあえぐ地方空港の起死回生策だと評する向きもある。しかし、しょせん以遠権が認められていないため、ＪＡＬやＡＮＡ

には、路線としての魅力がない。

富士山静岡空港は、アシアナ便の就航を大歓迎し、ずいぶん宣伝してきた。地方空港から仁川をハブ空港として、海外路線を飛ばす。仁川空港を日本の地方空港再生の救世主のようにいう自治体もある。

だが、現実はそれほど甘くはない。仁川空港にとって、日本の地方空港との路線開設は、いわばテストにすぎない。それほど積極的に乗り出しているわけではないのである。いきおいこれらの路線が本当にビジネスベースに乗り、機能するかどうかについては、かなりの疑問符がつく。

「日本の自治体はかなり積極的です。着陸料が高い分、補助金を出してくれたり、施設利用料の割引をしてくれたりしていますが、そうでなければ、なかなか……」

ある韓国航空会社の幹部は、そう明かした。地方自治体が航空会社の単独の乗り入れに対して補助金を出すのは、なかば慣例になっているといい、関西空港は乗客一人当たり五〇〇〇円のクーポン券を配布してきたという。そこまでして、ようやく日韓の路線ネットワークが形成されてきたのが実態なのだ。

「国際路線はまだまだ二国間の往復が基本であり、いまのところ第五の自由と呼ばれる以遠権は認めていません。まだほとんどの国が認めていないため、慎重にならざるを得ません。ただしこの先、航空の自由化を推進していくうえで、政府として綿密に検討する必要があり、以遠権についても積極的に対応していかなくてはならないと考えています」

韓国政府国土海洋部の金湘南道課長（前出）は、現実を直視しながら、そう慎重に言葉を選ぶ。

韓国政府が描く壮大な空港都市プロジェクト

こう書いてくると、注目の仁川空港といえども、航空の自由化という点では日本の空港事情とさしたる違いがないように思えるかもしれない。しかし、それもまた違う。

「本来、乗客にとっては、目的地と目的地を結ぶポイント・トゥ・ポイントのほうが便利なのです。しかし、それだけでは航空会社にとっても利用者にとっても無駄が生じます。地方路線の場合、日本（の成田）から欧米へ向かうより仁川を使ったほうが便利でしょう。だからその準備は必要です。いままではそうした空港同士の競争がなかったけど、それが始まったということです」

そう話すのは、大韓航空旅客事業本部日本路線チーム長の崔晶皓部長だ。

「ハブ空港は、後背地の基盤市場がないと成功しない。その点、東京にはありますが、仁川もソウルというホームベースマーケットがあります。仁川は山を削って埋め立てているから建設コストも低く抑えられ、着陸料も安い。そうしたトータルで考えると、仁川はかなり有望でしょう」

続いて、仁川国際空港公社の鄭濬専務・ハブ戦略室長に自らのセールスポイントを尋ねた。

「仁川空港のセールスポイントの一つは、若い空港だということです。建設技術や通信、電子など、あらゆる分野において最新の設備を導入しています。また、空港需要に応じた拡張ができ、騒音問題もない。建設コストはこれまでの第二フェーズまでに八兆ウォン（約五六〇〇億円）と低く抑えることができ、（四本目の滑走路を建設する）第三フェーズも三兆～四兆ウォンくらいでしょう。このような低コストは有利ではあります」

こう持論を展開する。

「が、むろん本質的には航空会社の収益の問題であり、総合的に評価されなければなりません。着陸料は航空会社の運航費用のわずか二～三パーセントにすぎませんから、それが就航の決定的な要因とはならない。需要が大きければ空港は繁栄するのです。その需要を伸ばすなかで、いちばん重要なのが拡張性だと考えています」（鄭濬専務・ハブ戦略室長）

三本目の滑走路をオープンした仁川空港は、さらに四本目の建設計画に着手しているが、それだけではない。空港を取り巻く島全体の面積は五六一〇ヘクタール。周辺を自由貿易地域にし、MGMミラージュと契約。ラスベガス並みのカジノやホテル、映画のテーマパーク、ファッションブランドなどの企業誘致を計画しているという。韓国政府には、一大空港都市を建設しようという壮大なプロジェクトがある。

そこまでの需要があるかどうかは定かではない。現実には、世界的な金融危機により、むしろ韓国経済は壊滅的な打撃を食らっている。空港周辺のプロジェクトが、かつての日本のバブルの残滓《ざんし》のような無惨な姿になる危険性もある。

だが、仁川空港がオープンスカイという時代の要請に、応えようとしているのは間違いない。さまざまな角度から分析し、戦略を練っているともいえる。しかし、残念ながら日本政府や自治体からは、韓国のような熱が伝わってこない。地方空港に生き残る道はあるのか。

欧州の小国に学ぶ強い空港の作り方

仏パリのシャルル・ド・ゴール、独のフランクフルト、蘭アムステルダムのスキポール、英ロンドンのヒースロー、そしてルクセンブルク空港――。

EU（欧州連合）における国際貨物取扱高ベスト五の空港だ。このうち上位の四空港は文字どおり欧州を代表する空港であり、誰しも名称を聞いた覚えがあるに違いない。だが、五位につけているルクセンブルク空港はどうだろうか。

むろん国名はご存じだろう。ルクセンブルクはオランダ、ベルギーと経済同盟を結んだベネルクス三国の一角として知られる。欧州のほぼ中心に位置するＥＵの原加盟国だ。人口はわずか四六万人。国土の面積は、神奈川県と同じくらいしかない小国である。

この国は四億五〇〇〇万人の欧州消費市場を背景にした貿易立国として、名を馳せてきた。国民一人あたりのＧＤＰ（国内総生産）は、世界トップの豊かさを誇る。

そうした経済発展の原動力となってきたのが、他でもない、ＥＵ第五位の貨物量を扱うルクセンブルク空港なのだ。降り立った経験のある方がどれほどいるだろうか、と疑問に思えるほど無名の空港だ。が、そこが名だたる世界の空港と肩を並べているのである。

二〇〇八年七月のＡＣＩ（国際空港評議会）最新統計によれば、ルクセンブルク空港の年間貨物取扱高は、八五万六七四一トン。その量は世界でも二三番目に位置し、二四位の羽田国際空港の八五万二九五二トンや二五位の関西国際空港の八四万五九七六トンを上回っている。

ルクセンブルク空港が、これほどまでの規模に発展したのはなぜだろうか。

「ルクセンブルク空港が発展した理由は、乗客向けではなく貨物基地として空港を特化させたからだと思います。ルクセンブルクそのものはマーケットが小さい。乗客にしても、貨物にしても、輸送の目的地にはなり得ません。だからこそ、貨物のハブ空港を目指したのです」

ルクセンブルク経済開発局貿易投資東京事務所の松野百合子エグゼクティブディレクターが、そう説明する。

「そうしてEU向けの世界中の貨物を取り扱ってきました。ナショナルフラッグキャリア『ルックスエアー』グループの貨物航空『カーゴルクス』が、世界中から集まってくるEU向けの貨物をルクセンブルク空港へ空輸し、そこからトラックで各国へ運んでいます。日本ではあまり認知されていませんが、国の政策として、この貨物のハブ空港化を後押ししてきたのです。たとえば、カーゴルクスがAという国との路線開設を要望しているとする。すると、ルクセンブルク政府が乗り出して相手国と航空交渉をし、路線を結ぶ。そうして国と航空会社が一体となり、路線を開拓してきました。その結果、ルクセンブルク空港は貨物取扱高EU五位の国際空港に発展してきたのだと自負しています」

人口四六万の国といえば、鳥取や佐賀など過疎に悩む地方の県より少ない。それでいて、首都空港は国際基幹空港として立派に機能しているのだ。

日本の再生モデルになりうるルクセンブルク空港のケース

これまで見てきたように、日本の空港の多くは、赤字の国内路線に頼ってきた末、時代の変化に対応できていない。減便や路線の廃止に怯えているというほかない。何の戦略もなく建設されてきたあげく、経営難に陥っている日本の地方空港とは、まさしく好対照だ。

経営難に悩む日本の地方空港にとって、ルクセンブルク空港のケースは、ある種の再生モデルになりはしないだろうか。

実はルクセンブルクと日本の空港のあいだには、定期貨物路線がある。一九八五年十月二十三日、ルクセンブルク空港を拠点空港とするカーゴルクスが、福岡に乗り入れたのが始まりだ。その後、EUの経済圏が生まれ、欧州発の首都圏や中部、関西向け貨物輸送需要が高まってきた。そこで、ルクセンブルク政府は九四年八月の関空オープン時、福岡だけでは足りなくなった貨物便を補うため、関空への就航を希望した。

ところが、国交省は莫大な費用を投じた肝いりの関空を、名もない欧州の小国の空港へ開放しなくても、十分やっていけると踏んだ。他にも海外から就航希望する国が殺到し、関空の発着枠が足りなくなると見た国交省が、ルクセンブルク政府の申し入れを断った経緯がある。

そうして、ルクセンブルクの貨物キャリア・カーゴルクスは、関空への乗り入れを断念。九四年七月以降、福岡に代わって石川県の小松空港に就航した。

関空への就航を断ったのは、国交省の見込み違いに相違ない。が、おかげで小松空港の貨物取扱高は飛躍的に伸びた。〇二年六月には新貨物ターミナルビルが建設され、国際貨物の取扱高は成田、関空、中部、福岡に次ぐ国内五番目の規模に成長したのである。

いまでは、小松空港の貨物取扱高の九九パーセント以上が、ルクセンブルク路線の輸送に負っているという。小松空港や石川県にとって、ルクセンブルク抜きでは、空港経営が成り立たない、といっても過言ではない。ルクセンブルク路線は、それほど大きな存在になっているのである。

半面、その割りにはいびつな契約形態をとっている。不思議なことに、小松―ルクセンブルク路線については、従来の政府航空当局間による正式な航空協定すら交わされていないのだ。

表向き、国同士の正式な協定が結ばれていないのは、JALやANA、日本貨物航空（NCA）といった日本の航空会社による就航要請が、なかったからだという妙な理屈による。通常、航空協定は、二国間において平等の路線配分になるよう設定されるが、ここはカーゴルクス一社だけの運航であり、日本からの路線がない。一方通行だから、協定を結ばなかったというのだ。

要するに日本側が路線を重視しなかったので、協定を結ばなかったというだけだろう。国交省とルクセンブルク政府当局との覚書によって、路線の便数その他の条件が決められている。

そんなルクセンブルク路線が予想外に大繁盛しているのである。石川県小松空港にとっては、まさにタナボタだ。

一方、ルクセンブルク側がはじめに就航を希望していた関空は、いまや逆に発着枠が余り、海外キャリアからの路線の誘致に苦心惨憺している。いまとなっては、いかにももったいない話であり、皮肉な結果だと言わざるを得ない。ここでもまた、国交省の計算の甘さが露呈しているといってもいいが、これは、国交省がこの小国を侮ってきた結果だと受け取れなくもない。

小松に乗り入れたカーゴルクスは、九四年当初、一週間二便の定期便をスタートさせた。それが二〇〇四年には、五便に増えた。現在はやや抑えて週三便体制になっているが、実はそこにも、ある裏事情がある。

小松空港経由を強制する国交省の保護政策

むろんルクセンブルクにとって、日本は非常に魅力ある消費市場である。できる限り日本とEUとの貨物路線を増やしたいに違いない。本音は首都圏の成田に乗り入れたいはずだ。

しかし、現状ではそれが無理なのは分かっている。そのため、ルクセンブルクサイドはいまも関空への就航を求めているのだ。オープン当初の就航予想とはずいぶん事情が異なり、いまや関空は発着枠が余っている。貨物のハブ空港として、再建を期している関空にとっては、渡りに船といえる。いったん逃げた船が戻ってきたようなものだからだ。

それだけに、カーゴルクスの乗り入れは、関空にとって、好都合だろう。だが、ことここにいたっても、国交省はルクセンブルク側の要請を、すんなりとは受け入れていないのである。

なぜそうなっているのか。〇七年十一月、国交省とルクセンブルクが改めて交わした覚書には、こう記してある。

「ルクセンブルク籍の航空会社による関空への就航にあたり、現在の週三便のルクセンブルク
—小松空港線のうち、一便については小松空港を経由した後、同関西空港への就航をすることとする」

関空はどうせガラ空きなのだから、ルクセンブルクからの直行便を迎え入れてもよさそうなものだ。なのに、国交省はその就航を認める条件として、わざわざ小松空港を経由しなければならないようにしている。なぜか。

先に触れたように、ルクセンブルクのカーゴルクスは週五便まで小松へ飛ばせるのに、三便に抑えている。それは、関空便をどのように展開するか、様子を見るためだ。

ルクセンブルク空港は、欧州の貨物ハブ空港として機能している。日本向けの貨物は欧州各国から集まって来て、それを小松空港に運ぶ手順となる。従来、小松で降ろした貨物を小松から全国にトラックで運んできた。しかし、直行便ならストレートに大阪へ運べる。あるいは関空から、さらに中国・四国地方や九州などへトラック輸送することもできる。

ところが、国交省が常に小松空港経由にしなければならないと制限しているため、面倒な事態になっている。たとえば、関空・大阪行きのドイツの貨物と名古屋行きのフランスのルクセンブルク発の貨物があるとする。現状では関空にストレートに運べないから、目的地の異なる二種類の貨物を一つの機体でいったん小松へ運ぶ。まず名古屋行きのフランスの貨物を小松空

港で降ろし、そのあと大阪行きドイツの貨物を運ぶため関空へ向かう。

いまのままだと、日本向けの週三便のうち、一便はそうした面倒な経路になるのだ。これでは、小松空港の着陸料や駐機料の負担、燃料費のロスが余分に発生する。きわめて非効率な飛行経路なので、カーゴルクスも成り行きを見て慎重になっているのだ。

ケチな保護政策が競争力を弱めている

国交省はなぜ、小松経由などというこんな奇怪な条件をつけているのか。その理由は意外に単純だ。国交省が小松経由にこだわるのは、仮に関空を完全開放すると、小松空港から関空にルクセンブルク路線が移ってしまう恐れがあるから。その程度の発想なのである。

小松空港に関しては、ただでさえ北陸新幹線の金沢開通により、乗客が激減するのではないか、と危惧されている。そのうえ、貨物分野の柱であるルクセンブルク路線を失ってしまえば、事態は一挙に深刻になる。そこで、国交省は苦肉の策として、小松空港経由を持ち出してきたというのだ。

だが、やはりこれは、いびつな航空政策と言わざるを得ない。関空に路線を奪われる心配をするより、小松空港そのものに競争力をつけさせることが先決だ。それが政策の本道ではないだろうか。

「われわれにとっては、確かに関空や中部国際空港はマーケットも大きいし、魅力的です。もっといえば、マーケットという点で圧倒的な魅力があるのは成田です。しかし、空港の価値は、そうしたマーケットの魅力だけではありません。その点については、小松空港はわれわれにとってとても使い勝手のいい空港であり、今後ともお付き合いさせていただきたい。だから、それほど心配する必要はないと思いますけどね」

カーゴルクス日本地区の神谷靖・総支配人は指摘する。小松空港にはすでにそれなりのノウハウがあるため、必要だと言う。こうも話す。

「小松は、大型輸送機器やパイプなどの大きな貨物を積み込むハンドリングノウハウも備えています。貨物輸送の場合、大型機を使っていかに荷物を満杯にし、収益率をあげるかという点が大切です。そうした細かい部分も必要であり、その点、小松はとても利便性の高い空港と言えます。小松空港はわれわれにとってとても重要な拠点です」

社会インフラである空港といえど、経営効率を無視できない。その観点から見たら、空港も特色を持ち、その魅力をいかにアピールできるかに尽きる。そこから目をそらし、ケチな保護政策ばかりをとっていたら、いっこうに競争力などつかないのではないか。

政府と航空会社が一丸となって取り組むべき課題

マーケットの大きな首都圏や関西圏の空港には、乗客ならびに貨物輸送の需要があるのは自明である。だが、小さなルクセンブルク空港を見ればわかるように、立派に生き残る道はある。とりわけ貨物分野に関しては、むしろ空港周辺の施設やハンドリング機能を高めることが大事だという。

「仮に羽田が国際化され貨物路線が開放されても、空港周辺にはトラック輸送の機能がありません。荷物は乗客のように文句を言いませんが、代わりに貨物輸送に応じた機能が必要なのです。近年、ハブ・アンド・スポークスのネットワークの是非が問われています。しかし、ルクセンブルク空港は、空港のネットワークではなく、陸上運送の重要性に着目しました。そうしてEU域内のトラックネットワークを構築し、成功してきました。貨物基地空港として、ハンドリング施設やトラック輸送ターミナルを空港に配置し、EU各国に運びます」

前出・カーゴルクス東京総支配人の神谷が、以下のように続ける。

「以前、EU域内の国について、飛行機をつないで運んだ場合とトラック輸送とを比較してみました。ルクセンブルク空港からスペインのバルセロナへ一〇トントラックを走らせると三六時間。対して、飛行機だと少し短縮されるが、細かく仕分けができないことや、旅客便に載せて運ぶ必要があり、何便も乗り継がなければいけない。その分、コストもかさむ。トラックのほうがずっと効率がいいのです。実際、ルクセンブルク空港は、トラックネットワークが機能しているからこそ、貨物のハブ空港になっているのだと思います」

ルクセンブルク空港では、機体が到着する広大な貨物ターミナルの裏からトラックが発車し、そばの高速道路インターに向かうように設計されている。これは政府と航空会社が一丸となって、空港を貨物部門に特化した結果だと言える。こうしてルクセンブルク空港は、EU五位の貨物量を扱い、その地位を保っているのである。

ちぐはぐな政策が地方空港の生き残り策を潰している

そして神谷は、日本の航空行政に関して、こう警鐘を鳴らす。

「かつて貨物輸送は、片道だけで利益が出た。だから帰りは空《から》のままの飛行でもいい、という時代もありました。しかし、国際競争の激化や昨今の原油高から、往復便で両方の機体を満杯にしなければ、利益が出なくなっています。当たり前なのですが、より一歩進んで、飛行ルートを工夫しながら効率よく輸送しなければ、生き残っていけない時代になっています」

さらにこう言葉を補う。

「仮に、ルクセンブルクから一〇〇トンの荷物を積んで香港へ向かい、マレーシア・クアラルンプールを経由して戻るルートがあるとします。目的地の香港で一〇〇トンを降ろし、帰りの便で新たにマレーシア向けの五〇トンとEU向けの五〇トンを積む。途中のマレーシアで五〇トンを降ろし、クアラルンプール空港でまた新たにEU向けの五〇トンを積んでルクセンブルクへ戻る。このように帰りの便でマレーシアを経由することにより、EU向けの荷物をストレートに運ぶだけよりも利益があがるのです」

中間地点で荷物を降ろし、新たな荷物を運ぶと、それだけ利益があがるわけだ。ただし、このような工夫をするためには、国同士の空の自由化が不可欠なのだという。

「これは香港やマレーシアが以遠権（第五の自由）を認めているから可能なのです。以遠権とは、第三国向けの荷物の積み降ろしをその国で許可することです。しかし、いまの日本は、以遠権を認めていないからそういう経路では飛べない。往復するだけです。将来的にそこらへんに差が出てくるのではないでしょうか」

現状、日本のルクセンブルク路線では、ルクセンブルク─小松間を往復する。あるいは小松経由で関空に向かうかのどちらかだ。この間、アゼルバイジャンのバクーで給油するだけである。

関空に向かう際、小松で荷物を降ろしたら、新たに関空向けの荷物を積むことはできず、その分空のまま関空まで運航する以外にない。これは相手国内の輸送ができないカボタージュ規制（第九の自由）のせいだ。さすがにこれを自由化している国はまだ少ないが、日本では第五の以遠権も認めていない。そのため、たとえばカーゴルクスが復路で香港を経由して戻ろうとしても、中国向けの貨物を降ろせない。また、香港で新たな荷物を積むこともできない。直行で日本とルクセンブルクを往復する飛行ルート以外認められていないため、航空会社が飛行ルートを工夫しようにも、それができないのだ。自由化が進む世界の航空事情を考えたとき、やはり路線の窮屈な日本は取り残されるのではないか。

現に人口五〇万足らずの小国の空港から、世界中の空へ貨物が運ばれているのである。そんなルクセンブルク空港のように、日本の地方空港にも、生き残る道はあるに違いない。しかし、現状では日本の多くの地方空港は、国交省や地方自治体のちぐはぐな政策のせいで、立ち往生していると言わざるを得ない。

第七章　生き残り策

JALやANAは果たして勝ち残れるか

過去、日本の航空業界は、アジア諸国を一歩も二歩もリードしてきた。アジアでアメリカに最も近く、地政学的に最も恵まれている日本は、いまもまだアジア域内での優位性を保っている。しかし、韓国や中国が本格的なオープンスカイ政策に舵を切ったら、どうなるか。

すでに中国がいち早く自由化競争に乗り出している。韓国のアシアナ航空が、中国のローコストキャリア（LCC）との価格競争に頭を痛めているが、まさしくそれは他人事ではない。路線開放の圧力はますます高まり、日本の空港が各国の航空会社との競争にさらされ、しのぎを削る。そんな競争に、JALやANAが勝ち残れるか。

国交省は、そこに不安が残るから、思い切った政策を打ち出せないまま、逡巡しているように映るのである。

では、翻って現場の国内航空会社は、こうした世界の変化や日本の政策をどう見ているか。当のJALとANAの担当者に聞いてみた。

「まず第一段階として、二〇〇七年の『アジア・ゲートウェイ構想』に則り、首都圏空港以外の空港を開放していく。その次に、二〇一〇年の羽田の再拡張後にどう対応していくか検討する、というのが、現状の日本の航空政策だと思います。日本のオープンスカイは、まだ地方の空港が対象です。そう考えた場合、すぐにはなかなか対応できません」

JAL経営企画室の安部博史部長代理は、オープンスカイ政策について、ある種の本音を吐露する。経営再建途上のJALにとっては、いますぐ自由化競争にさらされては困るということだろう。

しかし、突然自由化競争に放り込まれる可能性も否定できない。そこで、まずはオープンスカイになった場合、空港がどのようになるか、考え方を聞いてみた。

「オープンスカイといえば、聞こえはいい。だが、航空会社にとって開放された空港には、路線の乗り入れと同時に、撤退の自由もあります。航空の世界が自由化されれば、航空会社にとって競争が激化します。確かにビジネスチャンスも広がりますが、われわれとしては、採算の取れないところには飛べません。とりわけ、ビジネス需要が少ない路線や空港は致命的なのです。大阪の関空や中部でも同じです。結果、空港の弱肉強食が進むと考えています」

先の安部がこう話す。

「従来の二国間による航空交渉では、こちらが路線を開設すると言えば、先方にも見返りを与えなければなりません。それは路線の安定化にもつながります。たとえば、日韓の路線において、韓国内では大韓航空とアシアナ航空が争っているとします。すると、二社は採算が合わなくても、路線の権益を取るため、どちらも飛ばざるを得ない。二国間交渉のなかでは、そういうことがあります。しかし、オープンスカイになれば自由になるから、採算だけを考えればいい。ただし、いいときは就航しても、採算割れすれば簡単に撤退する。そこで、われわれの結論としては、地方の国際路線では採算が取れないため、就航できないということです」

ローコストキャリア参入への対抗策

ＪＡＬにとって、昨今の地方路線からの撤退は、経営再建のためのリストラとされるが、半面、採算重視という点では、自由競争への対策に通じる。いうなれば、もはや不採算路線を飛ばしてでも政府行政に恩を売るという時代ではない、という証のようなものだ。

規制業種の典型とされてきた航空界にはこれまで、こうした経営効率の意識が希薄だった。それがさまざまな環境の変化とともに、変わってきたという話だろう。ローコストキャリア（ＬＣＣ）の台頭も、ひとつの要因だ。

中国のLCCとして有名なビバマカオは、〇八年七月一日からマカオ―沖縄線を新たに就航させた。マカオはこの数年、急ピッチで開発が進み、路線は人気がある。これにより、沖縄の人が香港を経由せず、マカオに直接行くことができるようになった。

ただし、こうした新しい路線が生まれても、オープンスカイの下では、採算が合わなければ、航空会社はすぐに撤退する。空港にとってめまぐるしく状況が変わることになる。

実際、JALは石川県の小松空港―韓国仁川空港路線から撤退した。これも変化の兆しに違いない。JALは国内地方空港による日本版オープンスカイ対策はとっていないというが、これは採算面からの判断だ。地方空港にとっては、一つ路線が減り、その分着陸料収入もなくなるが、それも仕方ない。

本格的なオープンスカイはまだまだ先の話という航空関係者もいるが、すでにその前兆はあらわれている。現実には、すぐそこまでオープンスカイがやって来ている、と見たほうがいい。つまるところ、これまで見てきた海外の主要キャリアと同様、JALも首都圏空港以外の国際線には、あまり関心がないのである。ならば、海外の航空会社が、日本の地方路線に参入する危機感についてはどうか。とりわけ、ローコストキャリアが参入した場合の脅威は、感じていないか。また、その対策は何かあるのか。

「これといったLCC対策はありません。そもそも関空など、日本の空港の高い着陸料を考えると、ＬＣＣが日本路線を採算に乗せるのは、難しいのではないでしょうか」

経営企画室部長代理の安部は、そう切って捨てる。

「われわれのＬＣＣといえば、子会社としてＪＡＬウェイズ（旧ジャパンエアチャーター）があります。コスト削減のため、東南アジアへ業務展開をしました。経営再建策としてのコスト削減の一環で、従来の一〇パーセントカットを実現しています。ＪＡＬウェイズは、タイでフライトアテンダントを一〇〇〇人ほど現地採用し、訓練しています。ただ、低コストでの運航といっても、サービスや運賃はあくまでもＪＡＬと同レベルですから、いわゆる安売りチケットのＬＣＣとは違います。つまり、ＬＣＣはわれわれとは異なるマーケットにある会社であり、そことの競争は想定していません」

言葉は悪いが、いまのＪＡＬにはローコストキャリアと競争するだけの余力がないということの裏返しかもしれない。目下、ＪＡＬグループは、二〇〇八年から二〇一〇年までの中期再生プランに則った経営再建の途上にある。国際線の競争力をつけるより、社内のリストラが先決なのだろう。

ただし、格安航空会社が、あえて着陸料のバカ高い地方空港にやって来るメリットもない。だから、安心できるのかもしれない。

まずは国内基盤を確立しなければ

しかし、首都圏空港に対する人気は逆だ。羽田や成田の拡張は、目の前に迫っている。この先の国内路線需要の伸び悩みについては、もはや議論の余地がない。いきおい羽田国際化への要望がますます高まるのは明らかだ。航空会社として、そこにどう対処しようとしているのか。

「日本航空は、再建中です。だから、まずは経営基盤の安定を最優先させなければなりません。そのために、国内路線の運航体制を充実させていこうというのが、われわれの方針です。国内需要については、少子高齢化や新幹線との競争もありますから、右肩上がりになるとは思っていません。一方で、JALの収益構造を見ると、国内路線はまだまだ必要なのです。現在、JALグループの国内・国際についての収益割合で言えば、国内線が四分の一しかありません。それを二〇一〇年までに三八パーセントに引き上げていく。ANAの収益基盤だって国際線ではなく国内線ですから、われわれもまずは国内路線を構築していくことが必要だと考えているのです」

経営企画室部長代理の安部はそう言う。

「これまでも国内基盤の充実のために、機体のダウンサイジングを進めてきました。飛行機を小型化してフリークエンシー（発着頻度）を高めていく。ロンドンのヒースローなども小型化が進んでいます。日本の羽田のように、大きな飛行機があれほど数多く飛んでいるようなところはありません。だから、（発着枠が増える割り当て分のうち）羽田の国内線枠は、ある程度は必要だと考えています。機体のダウンサイジングを進め、現在六〇パーセント台しかない国内線のロードファクター（有償搭乗率）を米国並みの八割ぐらいにあげなければならないでしょう」

まずは国内基盤の確立が先決なのだと言う。その意味では、羽田の国際化について、JALは国交省の考え方と近い。というより、JALの意向を国交省が汲んでいるようにも映る。

だが、国内と国際のどちらが必要とされているか、需要を冷静に比較すれば、結果はおのずと決まっているのではないだろうか。

果たせるかな、JALは国際線について、どのような展望を持っているのか。

「いまは羽田からの国際線を深夜・早朝チャーターで二八〇本飛ばし、今年（二〇〇八年）はそれを四〇〇本に増やす予定にしています。チャーター便は、ソウル・金浦や上海・虹橋行きが主流ですけど、どれも収益性はとてもいい。一日二便飛んでいる金浦便などは、九〇パーセント近い搭乗率があります」

と安部は言う。その一方でこうも説明する。

「ただし、当社の場合は、成田に数多く便数を持っています。中国路線のビジネス需要なども好調です。あまり国際線を羽田にシフトしてしまうと機能が分散してしまう。羽田の国際化に反対するわけではありませんが、われわれにとって一番頭が痛いのは、機能が分散することです。たとえばブリティッシュ・エアウェイズ（BA）は、ロンドンのヒースロー空港に機能を集中させています。どこの航空会社でも、そのやり方は同じでしょう」

やはり成田を頼りにする従来の方針に変わりはない。しかし、成田の拡張が望めないなか、グローバル化する国際線の競争をどのように戦うのか。その点については、答えが出てこない。羽田の国際路線については、当面、深夜早朝枠のチャーター便による運営というのが現実的な話なのだろう。

本音を言えば、再建中のJALでは、アジア・ゲートウェイ構想でさえ、迷惑な話かもしれない。国際競争のなかに放り込まれるオープンスカイの戦略は見えてこない。

外国機が素通りする危険性

かたや二〇〇八年三月期の決算で、経常利益と純利益で史上最高益をはじき出したANAは対照的だ。

「オープンスカイについて慎重な意見は、国内産業の保護という立場から語られているのだと思います。厳しい競争から身を守るという点では、急激な開放は望ましくない。小出しに空港を開いていったほうがいい。これまでの議論ではそうなってきました」

企画部部長の宮川純一郎が、あっさりそう言う。

「しかし、ここ最近、環境の変化がありました。これまでは日本と相手側の二国間の関係で済んだ航空の世界は、確実に変わってきた。アジア・ゲートウェイという言葉に含まれる意味を考えてみてください。アジアという地域の玄関口とは、自分の国が目的地ではないという意味ではないでしょうか。実際、そうなりつつある。後ろにアジア地域が広がっている玄関口にならなければならないという発想に変わってきた。そこで、自分の国の空港が閉じていて、他の空港が開いているとどうなるか。自国の空港や航空会社は守られるかもしれません。しかし、外国の飛行機は素通りしてどこかへ行ってしまう。そういう危機感が生まれてきたのです」

そのアジアの玄関口になるべくしのぎを削っているのが、ソウルの仁川や上海の浦東、シンガポールのチャンギなどの空港であり、日本はその競争に参加していない。首都圏空港の事情など、外国にとっては関係ないのではないだろうか。

ＡＮＡは国内・国際路線の将来性については、どう分析しているか。

「トータルの国内線需要は、二〇〇二年からこの五年ぐらい、まったく伸びていません。従って、少なくとも国内線に関しては、航空会社がこれからパイを大きくしていこうという状況ではない。ＡＮＡでも、国内線についても収入ベースでは増えています。ですが、その理由はもっぱらＪＡＬさんの整備問題が発覚するなど、特殊要因もあった。手放しでは喜べません。現に、旅客数は対〇六年比マイナスに落ち込んでいます。新幹線が北陸や九州で新たに延伸されると、やはり国内線需要が今後、拡大すると予想するのは厳しいでしょうね」（宮川企画部長）

ＪＡＬは小型機隆盛時代に合わせ、羽田空港に小さな飛行機を飛ばすためには、それだけ発着枠を確保しなければならないという。そこについては、どう考えるか。

「国内線でも、常にダウンサイジングがいいというわけではありません。長距離の沖縄などはむしろ大型化をしたほうがいい。需要と供給のマーケットに合わせた適正サイズが重要です。これはダウンサイジングではなくライトサイジングと呼んでいます。飛行機のサイズという点では、いわば国内線も国際線も関係ない。マーケット需要に応じた適正な運航が大切なのだと考えています。たとえば米国路線はジャンボ機のボーイング７４７からボーイング７７７にしましたけど、どちらも大型機です。米国路線は大型機が基本であり、すべて黒字になりました」（同）

国際線のネットワーク構築が必要ではないか

羽田の国際線の発着枠について、ＡＮＡは早くから六万、七万の増枠が必要だと訴えてきたが、なんとなくそのあたりに落ち着いたわけだ。ＪＡＬとは対照的に、ＡＮＡは国際線の競争を意識し、戦略を立てているように見える。ＡＮＡの宮川が言う。

「羽田については、国内需要の伸びしろが、ゼロではないとは思っていますけど、航空需要全体から見ると、拡張枠の大半を国内に向けていいのかどうか、という問題だったと思います。便を増やし、キャパシティを大きくするような状況ではないということでしょう。それより、いかに国際線のネットワークを構築していくか、という点がもっと大切になるのでしょう」

日本の空港をどう使っていくか、航空会社にとっても、そこが国際競争に勝ち残るカギになるが、首都圏の空港事情を考えたとき、やはり不安が残るのではないだろうか。

「やはり空港の発展は、後背地マーケットの魅力と空港そのものの魅力の兼ね合いにより、決定づけられるのでしょう。そういう意味では、羽田ないしは成田について、この先、キャパシティを若干なりとも拡大できれば、そこには大きな需要がついてきます。たとえばロンドンのヒースロー空港なども、すでにキャパシティは目いっぱいです。混雑もしています。しかし、英国政府として、これから空港を開いていくという方針を大々的に打ち出した。オープンスカイへの路線転換を、国としてアピールし志向していくのだ、というスタンスを取りました。これが重要なポイントだったと思います。日本もそういう姿勢を鮮明にすれば、羽田にしろ成田にしろ、まだまだアジアの基幹空港として成り立っていくと思います」

確かに英国は、世界に向けたシナジー効果という点で成功した面も否めない。EUと米国とのオープンスカイという画期的な協定が結ばれ、これから世界が激変するというタイミングに合わせ、英国は自国の基幹空港を拡張。第五ターミナルをオープンし、ブランドショップを並べて世界にアピールした。巧妙なやり方だが、日本はこういう手段も講じない。

世界の航空業界は、個々の航空会社の競争から、「ワンワールド」や「スターアライアンス」といった航空会社が相互に提携したグループ間の戦いに移っている。こうした変化のなか、世界の国際空港では、提携する航空会社グループが同じターミナルに乗り入れられるよう整備されてきた。これにより、利用客が他のグループ航空会社の国際線もしくは国内線にスムーズに乗り継ぎできる。空港にはそんな新たな体制づくりが求められている。

グローバル競争のなかで変化する航空ビジネスのあり方。それに十分応えられる空港や経営体制を整備するには、何を最重要課題として取り組むべきなのか。日本の政策当局や航空会社には、まさにいまそれが問われている。

「伊丹廃港」提言の波紋

「伊丹空港の廃止も含めて検討し、きちんと方向性を出さないといけない」

二〇〇八年七月三十一日、大阪府知事の橋下徹が、予算陳情のために訪ねた財務省で記者団にこう話した。その内容がいまだ物議を醸し続けている。かねて苦戦が伝えられる関西国際空港に対する援護射撃なのか。あるいは単に伊丹空港への自治体負担に対する抵抗だろうか。

大阪府知事に就任して以来、常日頃から極めて実現の難しい政策をぶち上げ続ける橋下にとって、これも独特の観測気球には違いないだろう。が、問題が問題だけに、航空関係者の胸を衝く発言だったといえる。

無駄な空港の廃止論も、あながち絵空事ではない。空港を取り巻く環境は、それほど急激な変化を余儀なくされているのである。

航空界の変化は、国交省の政策や航空会社の運営にも如実に表れている。たとえば羽田空港の国際化については、〇八年四月まで頑なに一〇年のD滑走路供用による増枠を年間三万回と制限していた国交省が、わずか一カ月足らずの間に六万回に増やすと方針転換した。

また、原油燃料の高騰からサブプライムローンによる金融不安、さらに世界同時不況の到来が、航空会社の経営を直撃した。経営再建中のJALはもちろん、〇八年三月期に史上最高益を出したANAでさえ、赤字転落の危機に陥っている。

国内外の大幅な路線の見直しについて、これまでJALが〇八年度内に二一路線、ANAも下半期に一一路線の減便・廃止を決定していたが、さらに路線のリストラに拍車がかかりそうだ。ますます経営の舵取りが難しい状況になっている。

結果、国内では、関空をはじめ福島や仙台といった赤字空港の路線が次々と廃止され、このままでは経営の成り立たない空港が目白押しになりそうな状況だ。全国津々浦々に九七もある日本の空港再編時代に突入した、という声があがっている。奇しくも、橋下の衝撃発言は、そうした日本の苦しい空港事情を予見したかのようでもある。

それだけに、単なる仮定の話とは受け取れないのである。

これまで見てきたように、日本の地方空港は近隣のアジア諸国との便を結んで活路を見いだそうとしてきた。韓国の仁川国際空港路線や台湾の桃園国際空港を結ぶチャーター便の開設などがその典型だ。最近では、マレーシアの格安航空会社「エア・アジアX」が、羽田など八空港を対象に路線開設の協議に入っているという。しかし、それも昨今の世界不況のなか、雲行きが怪しくなっている。

もっとも、もともと就航数の少ない地方空港にとっては、海外の航空会社が路線を一つや二つ開設したとしても、根本的な解決策にはならない。一日一往復便の着陸料収入で、空港経営のコストを十分に賄えるはずがないのだ。

世界経済の減速の影響を受け、さらに運航数の縮小や撤退に拍車がかかる。と同時に、アジアに目を転じてみると、ゲートウェイ競争という現実が迫ってくる。アジアのなかでは、最も自由化が進んでいるシンガポールにマレーシアやタイが続き、中国や韓国といった日本と隣接する東アジアの国際空港がアジアのゲートウェイ争いを展開している。

ひょっとすると、この世界不況で空港の拡張をひかえるケースも出てくるだろうが、逆にここをチャンスと見る国もあるだろう。いずれにせよ、経営基盤が脆弱なうえ、国からの援助でなんとかかんとか生きのびている日本の多くの空港にとって、大変な時期に入っているのは間違いない。

しかし、そんな吹き荒《すさ》ぶ寒風に対し、日本の備えはまるでなっていない。逆境に立ち向かうだけの準備を整えているどころか、その心構えすらないと言わざるを得ないのである。日本の空港には、将来に向けた経営戦略が見えてこないのだ。

いま一度、アジア各国の空港と日本の成田や羽田を比較してみる。

「日韓路線では利用者の四七パーセントが首都圏の空港を使っているから、できる限り二〇一〇年の羽田や成田の増枠を開放してもらいたい」

韓国・アシアナ航空の朴東勉営業企画部次長はこう希望している。これに対し、国交省は羽田の六万回と成田の二万回の合計八万回を新たに国際線に開放すると言い、そのうちのいくらかが韓国路線に回るわけだ。

そんな成田と羽田を合わせた首都圏空港の国際線合計は、二八万回になる。

「現在の四五〇〇万人の容量から二〇一四年までに六〇〇〇万人が利用できるよう拡張する」

(タイ空港サラジット・サラポルチャイ副社長)

というタイのスワンナプーム空港と比べると、かなりの差だ。また韓国の仁川空港は、現状でも四一万回の発着枠に四四〇〇万人の旅客処理能力があり、さらに四本目の滑走路が供用されれば五一万回となる。いずれも首都圏空港の能力をはるかに上回る。

むろん規模だけが空港の価値ではないが、日本の場合、これらの海外の空港と大きく違うのは、一つの空港ではなく成田と羽田を合わせた数字である点だ。タイではドンムアン、韓国では金浦と、両国とも新空港の近くにもう一つ国際空港の運営を続けているが、あくまで暫定的な措置だ。

本来、スワンナプームや仁川は拡張を前提として建設されており、単一空港として要求される近代国際空港の要素を備えている。日本が将来的に苦しい立場にある現実は否めない。

静岡空港への冷めた見方

こうした拡張余力のあるアジアの空港と、いかんともしがたい物理的制約のある日本の首都圏空港。しかし、競争していく方法もある。先に指摘したように成田は、潜在的に四〇万回の発着能力を持っている。騒音問題から容易に発着回数を引き上げることはできないが、工夫の余地は残っている。

また羽田も改革の余地は残っている。国交省は二〇一〇年の国際線発着枠を六万回としたが、まだまだ増やす余地はある。「国際は成田、国内は羽田」という利用目的へのこだわりを捨てることが先決なのだろう。

しかし、日本の航空戦略に垣間見えるのは、変わらない地方空港の延命策と関空や中部といった経営難の大規模国際空港の救済にすぎない。しょせん競争力のない空港の延命策には限界がある。

少子高齢化による国内旅客数の減少、加えて新幹線や道路網の整備が進めば、小手先の空港延命策は焼け石に水だろう。地方というより基幹の福岡空港でさえ、赤字なのだ。能登空港のように健闘している地方空港もあるが、当の石川県の谷本正憲知事は、「航空会社とともに利益を上げていくという共存ができないなら、廃港することも検討すべきだ」と辛辣な指摘もしている。まさに正論というほかない。

かつて地方自治体にとって空港建設は悲願だった。それを後押ししてきたのが空港整備特別会計（現社会資本整備事業特別会計空港整備勘定）というプール制の特別会計だ。

その結果、全国に九七の空港ネットワークが張り巡らされてきた。さらにオープン予定の富士山静岡空港や茨城の百里空港。それら一〇〇近い日本の空港に対する国民の目は、ずいぶん変わってきたのではないだろうか。国交省や地方自治体は、そこに気づいていないか、あるいは気づかないふりをしている。

開港の延期問題で揉めてきた静岡空港については、韓国のアシアナ航空が就航を決めたと関係者たちは大喜びした。これで国際線も備えた立派な空港になる、と自治体は胸を張る。だが、路線を就航させた当のアシアナ航空は、意外に冷めている。

「静岡空港はあくまでも首都圏空港の補完的な空港としての役割を担うもの。しょせん観光目的は安定的な高収益路線とは言えません」(前出・朴東勉営業企画部次長)

日本の苦しい財政事情では赤字垂れ流しの空港を維持する余力はない

一見、華やかに思える空港は、その実、ほとんどが経営難にあえいでいる。鳴り物入りでオープンした中部国際空港の利用者数は一一八二万人(二〇〇七年度)と、赤字経営の福岡の一七八三万人を大幅に下回っている。発着回数についても、福岡の一四万回に対し、一〇万回程度しかない。こうした中で辛うじて二億九六〇〇万円の利益を確保したというが、事実上はかなりの経営難だ。

アラブ首長国連邦のエミレーツ航空が飛ばしてきた中部―ドバイ便は、この三月末をもって廃止。これまで空港を支えてきたトヨタも、撤退しそうな雲行きだ。

関空や中部、成田などの株式会社化された空港以外、空港は長らく個々の経営実態を公表せず、不明のままだった。ここへ来て、国交省が、あわてて個別空港の経営実態を公表する意思を示したにすぎない。あまりにも方向転換が遅いのである。

オープンスカイの進展により厳しくなるのは、航空会社や空港の経営だけではない。どの路線を使うか、目的地をどこにするか、利用者の目が空港を選ぶのである。

「空港は社会インフラ。収支だけでその価値を判断すべきではない」という意見も一理あるだろう。しかし、大阪の橋下知事発言が示すように、日本の苦しい財政事情では、もはや赤字垂れ流しの空港を維持する余力はなくなっている。空港みずからが独自の生き残り策を模索しなければ将来はない。

「需要が大きければ空港は繁栄するのです」

そう話した仁川国際空港公社・鄭濬専務・ハブ戦略室長の言葉はまさしく正鵠《せいこく》を射ている。仁川空港は、その周辺にテーマパークやファッションセンターなどの建設を計画している。それは、従来の空港の利用法という発想から抜け出し、空港を中心とした街づくりを目指しているからだ。それにより新たな空港需要が生まれると期待しているのである。

それが成功するかどうかという問題ではない。日本の場合、そうした発想すらない。そこが問題なのだ。

「空港さえつくれば、航空会社が路線を開設してくれ、赤字は国や地方自治体が面倒を見てくれる」

その発想から抜け出せない限り、日本の空港の「廃港」が続出する事態になるのではないか。

空港から飛行機が去り、空き地になる――。冗談ではなく、それほど厳しい自由化時代に突入したのである。

日米一体となった土建行政のなれの果てか

エピローグ

「歴史をご存知ない方が多いので、元伊丹の住人より一言。関空ができた背景は、当時は国際線はコンコルドのような超音速機（＝軍用機並みの超騒音公害機）になると想定されていたのです。神戸では超騒音公害機の騒音被害が市街地に及ぶということで、今の関空の位置に決まったのです。ところが、歴史はそうはならず、ターボファンエンジンの進歩により、ジェットの騒音はYS‐11より静かになってしまいました。そうなると本来交通の便のよかった伊丹、神戸が復活してくるのは理の当然というものです。（伊丹の住人もYS‐11の乗り入れには反対していなかった）」

（二〇〇八年八月三十一日付）

本稿は、〇八年四月から一七回連載した日経ビジネスオンラインの「閉ざされた日本の空」

を大幅に加筆、改訂したものである。その連載期間中、読者の方から数多くのコメントを頂戴した。先のコメントもその一つだ。

この方によれば、関空の建設が計画される背景として、伊丹空港に成田と同様の騒音問題があったという。が、それはエンジン技術の進化により、とうの昔に解決済みらしい。

にもかかわらず、関空の建設計画はそのまま実行され、おまけに、後年には新神戸空港まで整備される。結果、現実として関西の三空港は、乗客を奪い合う羽目になった。あまりにも、出来の悪い計画と言わざるを得ない。

ここに登場するYS-11。通称、ワイエスイレブンは、日本が戦後初めて開発したプロペラ機である。政府はこの日の丸飛行機を国内路線で使用するよう、航空会社に指導してきた。プロペラ機なので静かな離発着ができるのは当然なのだが、それも二〇〇六年九月、国内路線から引退した。

国交省の政策は、あたかもYS-11時代のそれを引きずっているのではないか。あまりにも遅い対応は、そんな時代錯誤の遺物のような印象を受ける。が、その一方、実は米国からの輸入政策の一環でもある。

そもそも政府は、なぜこれほどまで無謀な空港建設をごり押ししてきたのか。まるで日米一体となった土建行政のなれの果て、という批判もある。それも、あながち的外れではない。

日本の空港建設の裏に見え隠れする米国の思惑

日米構造問題協議　米の対日要求

（一九九〇年三月二十三日付朝日新聞朝刊）

二十年ほど前、新聞各紙にこの手の見出しが連日、躍ったことがある。八〇年代後半に訪れたバブル経済。幻に浮かれた日本は、米国による経済圧力に苦しめられた。実は、この日米構造協議が、その後の日本の航空行政を決定づけることになる。米国側による対日開放要求は「貯蓄・投資」や「土地利用」、「流通」など六分野。「政策実行提案」として、二〇〇項目あまりの具体的な改善策を迫った。

そのなかの「流通」という項目には、日本の空港整備が不十分だとして次のように書かれている。その注目点を列挙する。

一　地方空港を含む既存の空港を国際航空便に直ちに開放する。その際、輸入増をこなす十分な航空貨物の処理施設を確保する

四　関西新空港に対する九〇年度とその後の予算を増やし、航空貨物の迅速な処理のために同空港の利用を希望しているすべての国内、国際航空会社の要求を満たすよう、空

港の十分なスペースを確保する。滑走路の追加を含む同空港の拡張計画を直ちに承認する

五　中部新空港の建設を直ちに承認し、次期五カ年計画の間に完成させる

六　広島と北九州空港の建設スケジュールを早める……

まさしく、のちに日本の空港が歩んできた政策そのものではないか。そして、対日要求は最後にこう結んでいる。

九　新しいプロジェクトのすべてで外国企業が競争できることを確保する

米国側が関空の工事参入を要望してきたのは、ご記憶にあるだろう。いわゆる米国流の規制緩和の押しつけであり、日米建設協議などが、日本の政策の下敷きになっている。空港や路線が増えれば、ボーイングをはじめとした米国の航空産業が潤う。日本の空港建設の裏には、米国サイドの企業論理が見え隠れするのだ。

つまり、日本の航空政策は米国から言われるがまま、従ってきただけではないだろうか。

そこには独自の国家戦略がない。だからこそ行き当たりばったりの空港が続々と生まれてき

たのではないだろうか。

米国流の規制緩和政策に翻弄されてきた日本の航空政策

規制緩和の行きすぎによる世界同時不況の到来。米国の金融不安から一気に広がった世界経済の破綻は、米連邦準備制度理事会（ＦＲＢ）前議長のアラン・グリーンスパンをして、英フィナンシャル・タイムズ紙上で「一〇〇年に一度の出来事」と言わしめるほど、危機的な状況を生んでいる。

米国流の規制緩和により、金融界の自由競争が激化したのは、論を俟《ま》たない。現実離れした無茶な金融派生商品や、ヘッジファンドによる投機マネーが世界中を席巻し、市場万能主義という幻想が産業界に蔓延した。いまの世界的な危機は、その幻想が破裂してしまった結果だという見方が根強い。

そして、オープンスカイも、こうした規制緩和の流れの一つに違いない。これまで規制でがんじがらめにされてきた航空の世界を開放し、自由競争原理を導入する。空港のグローバル化という合言葉も、規制緩和の象徴としてよく使われる。

日本の航空政策がこうした米国流の規制緩和政策に翻弄され続けたのも、間違いない。

それならいっそのこと、タクシーのように逆に規制を強化し、国際線を縮小すればいい……。

しかし、そう考えるのは、早計にすぎる。というより、現実問題として不可能だ。規制はあくまで市場や経済の安定をもたらすために存在する制約である。しかし規制が実体経済の動きを妨げてはならない。規制は社会の秩序を守るために必要である一方、ときに利便性を損なうこともある。要はどうすれば戦略的に空港が発展し、利便性を高めることができるか、という点を検討する。ひいてはそれが競争力を高める。

実体経済をどうとらえるか、その見地に立って、もっと航空政策の議論を深める必要があるのではないだろうか。

羽田五本目滑走路の可能性

そもそも、航空の世界は、デリバティブ取引などの金融とは異なるが、航空会社の経営という点でいえば、燃油の先物取引や為替変動リスクなどがあり、投機的な要素はある。逆に、空港は社会インフラだからこそ、規制が必要だ、という意見もある。そのどちらも間違ってはいないだろう。米国のヘッジファンドや中国マネーが、日本の空港を買いあさるようになれば、それはそれで問題に違いない。そうした場合、「規制緩和を規制する」必要もあろう。

だが、そんな事態以前の問題として、日本では、空港経営そのものが成り立たなくなっているという現実がある。これまで、日本はそんな単純な現実に目をそむけてきた。それは市場原理主義が行きすぎないよう、「規制緩和を規制する」というレベルの話ではない。とどのつまり、米国の言いなりで将来設計のなかった単なる航空政策の失敗なのだ。

焦点の羽田の国際化についても、これと同じことがいえる。成田空港や関空、中部空港の失政、ありあまる地方空港を建設してきた空整特会という過去の財政制度をそのまま温存し、改革しようともしない。現実を直視しない、行政の姿勢こそが問題なのではないか。

（〇九年二月二十一日付夕刊）

羽田5本目滑走路検討

ここへ来て、朝日新聞が唐突にこんな記事を掲載した。国交省が羽田で第五滑走路建設を検討している、という内容だ。万が一、これが実現すれば、少なくとも首都圏のキャパシティ不足は一挙に解消されるだろう。

だが、これがすぐに実現できるとはとうてい思えない。羽田は四本目のD滑走路の建設でさえ、東京湾上の航路や騒音などの環境問題で四苦八苦し、それをクリアしたばかりだ。現状で五本目の滑走路はとうてい不可能なのだが、すると自民党は滑走路を延長すると言い出す始末である。

世界同時不況により、一気に進んできた欧米やアジアのオープンスカイや空港の拡張、航空のグローバル化が、これからどうなるか。世界の経営環境が、ますます変化しているため、先行き不透明な部分が多い。

この不況により、いったん空の自由化が減速するのか。それとも欧米の不況を尻目に、中国やロシア、アジア、アジア・中東諸国が、勢いを増してくるのか。あるいは、恐慌が吹き荒れたあとの焼け野原で世界の空の盟主を目指そう、と水面下で準備を進める国があるかもしれない。

自動車業界では、米ビッグスリーが経営破綻し、トヨタが七〇年ぶりの赤字決算を出して話題になった。トヨタでは創業家への大政奉還が実現し、この先、新体制で経営の原点に立ち返るという。が、反面、トヨタの赤字決算は三年後、五年後を睨み、意図的なリストラを進める準備だという見方もある。

「富士山静岡空港の開港は六月」

是が非でも空港オープンにこぎつけたい静岡県知事の石川嘉延は、言った。そこへ、当人が工事を請け負った西松建設から政治献金を受け取っていた事実が発覚。そして地権者の要求どおり、知事の辞任を決めた。この五月、問題の立ち木伐採が始まった。実は本当の辞任理由はこのゼネコン献金問題ではないか。そんな話もある。こんな空港を誰が望んでいるのか。オープンしても肝心の利用者が、どれだけいるのだろうか。なによりそれが見えてこない。

この先日本の航空業界は、どのように進むべきか。最初にすべきは、過去の航空行政との決別。それだけは間違いない。

本書は日経ビジネスオンライン連載の「閉ざされた日本の空」を大幅加筆、改訂したものです。

主な参考文献・資料

『数字で見る航空』航空振興財団刊
『日本の空を問う』伊藤元重・下井直毅・二〇〇七年・日本経済新聞出版社
『航空産業入門』ＡＮＡ総合研究所・二〇〇八年・東洋経済新報社
『空港経営』添田慎二・二〇〇〇年・運輸政策研究機構
国土交通省ホームページ
朝日新聞
読売新聞
毎日新聞
日本経済新聞
静岡新聞
共同通信

著者略歴

森　功《もりいさお》

一九六一年福岡県生まれ。
岡山大学文学部卒。新潮社勤務などを経て、
フリーランスのノンフィクションライターとなる。
「月刊現代」に連載した「ヤメ検―司法に巣喰う生態系の研究」と
「同和と銀行」が二年連続して雑誌ジャーナリズム賞作品賞受賞。
著書に『黒い看護婦―福岡四人組保険金連続殺人』
『サラリーマン政商―宮内義彦の光と影』
『ヤメ検―司法エリートが利欲に転ぶとき』
『許永中――日本の闇を背負い続けた男』など。

幻冬舎新書 128

血税空港

本日も遠く高く不便な空の便

二〇〇九年五月三十日　第一刷発行
二〇〇九年七月三十日　第三刷発行

著者　森　功

発行人　見城　徹

編集人　志儀保博

発行所　株式会社　幻冬舎
〒一五一-〇〇五一　東京都渋谷区千駄ヶ谷四-九-七
電話　〇三-五四一一-六二一一(編集)
〇三-五四一一-六二二二(営業)
振替　〇〇一二〇-八-七六七六四三

ブックデザイン　鈴木成一デザイン室

印刷・製本所　株式会社　光邦

GENTOSHA

Printed in Japan　ISBN978-4-344-98127-0 C0295
も-4-1

幻冬舎ホームページアドレス http://www.gentosha.co.jp/
*この本に関するご意見・ご感想をメールでお寄せいただく場合は、comment@gentosha.co.jp まで。

幻冬舎新書

宮台真司
日本の難点

すべての境界線があやふやで恣意的（デタラメ）な時代。「評価の物差し」をどう作るのか。人文知における最先端の枠組を総動員してそれに答える「宮台真司版・日本の論点」、満を持しての書き下ろし!!

上杉隆
ジャーナリズム崩壊

日本の新聞・テレビの記者たちが世界中で笑われている。その象徴が「記者クラブ」だ。メモを互いに見せ合い同じ記事を書く「メモ合わせ」等、呆れた実態を明らかにする、亡国のメディア論。

平野貞夫
平成政治20年史

20年で14人もの首相が次々に入れ替わり、国民生活は悪くなる一方。国会職員、議長秘書、参院議員として、政治と政局のすべてを知る男が書き揮う、この先10年を読み解くための平成史。

武田邦彦
偽善エコロジー
「環境生活」が地球を破壊する

「エコバッグ推進はかえって石油のムダ使い」「割り箸は使ったほうが森に優しい」「家電リサイクルに潜む国家ぐるみの偽装とは」……身近なエコの過ちと、「環境」を印籠にした金儲けのカラクリが明らかに！

幻冬舎新書

歳川隆雄
自民と民主がなくなる日
永田町2010年

天下分け目の衆院選後、党派を超えた「政界再編」は必ず起こる。今ある党はどう割れ、どう引っ付くか？　確かなインサイド情報をもとに今後の政局を大展望！

古田隆彦
日本人はどこまで減るか
人口減少社会のパラダイム・シフト

二〇〇四年の一億二七八〇万人をもって日本の人口はピークを迎え〇五年から減少し続ける。四二年には一億人を割り、百年後には三分の一に。これは危機なのか？未来を大胆に予測した文明論。

久坂部羊
大学病院のウラは墓場
医学部が患者を殺す

医者は、自分が病気になっても大学病院にだけは入りたくない——なぜ医療の最高峰・大学病院は事故を繰り返し、患者の期待に応えないのか。これが、その驚くべき実態、医師たちのホンネだ！

井上薫
狂った裁判官

裁判官が己の出世欲と保身を優先することで、被告人の九九％が有罪となる一方、殺人を犯しても数年の懲役しか科せられないことさえある……矛盾がうずまく司法のカラクリを元判事が告発する衝撃の一冊。